MARCO ⊕ POLO
EURO DISNEY
RESORT®
Reiseführer mit Insider-Tips

*Drei Symbole sollen Ihnen
die Orientierung in diesem Führer erleichtern:*

für Marco Polo Tips – die besten in jeder Kategorie

für alle Objekte, bei denen Sie auch eine schöne Aussicht haben

für alle Objekte, die besonders für Kinder geeignet sind

Diesen Führer schrieb Odile Perrard.
*Sie war Mitarbeiterin der französischen Wochenzeitung L'Express
und hat zwei Romane veröffentlicht.
Die Marco Polo Reihe wird herausgegeben von Ferdinand Ranft.*

MAIRS GEOGRAPHISCHER VERLAG

MARCO ✦ POLO

Für Ihre nächste Reise gibt es folgende Titel dieser Reihe:

Ägypten • Algarve • Amrum / Föhr • Amsterdam • Andalusien • Antarktis • Argentinien / Buenos Aires • Athen • Australien • Bali / Java • Baltikum • Bangkok • Barcelona • Bayerischer Wald • Berlin • Bodensee • Brasilien / Rio • Bretagne • Brüssel • Budapest • Bulgarien • Burgenland • Burgund • Capri • China • Costa Brava • Côte d'Azur • Dänemark • Deutschland Ost • Dominikanische Republik • Dresden • Düsseldorf • Elba • Elsaß • England • Euro Disney • Feuerland / Patagonien • Finnland • Flandern • Florenz • Florida • Frankfurt • Frankreich • Frz. Atlantikküste • Fuerteventura • Galicien • Gardasee • Gran Canaria • Griechenland • Griech. Inseln / Ägäis • Hamburg • Harz • Hawaii • Heidelberg • Holland • Hongkong • Ibiza / Formentera • Indien • Ionische Inseln • Irland • Ischia • Island • Israel • Istanbul • Italien • Italien Nord • Italien Süd • Ital. Adria • Ital. Riviera • Japan • Jemen • Jerusalem • Kalifornien • Kanada • Karibik: Gr. Antillen • Karibik: Kl. Antillen • Kärnten • Kenia • Köln • Korsika • Kreta • Lanzarote • La Palma • Leipzig • Lissabon • Loire-Tal • London • Madeira • Madrid • Malediven • Mallorca • Malta • Marokko • Mauritius • Mecklenburger Seenplatte • Mexiko • Moskau • München • Nepal • Neuseeland • New York • Norwegen • Oberbayern • Oberital. Seen • Österreich • Ostfriesische Inseln • Ostseeküste: Schlesw.-Holst. • Ostseeküste: Mecklbg.-Vorp. • Paris • Peking • Polen • Portugal • Potsdam • Prag • Provence • Rhodos • Rom • Rügen • Rumänien • Rußland • Salzburg / Salzkammergut • San Francisco • Sardinien • Schottland • Schwarzwald • Schweden • Schweiz • Sizilien • Spanien • Spreewald / Lausitz • Sri Lanka • St. Petersburg • Südafrika • Südengland • Südsee • Südtirol • Sylt • Taiwan • Teneriffa • Tessin • Thailand • Thüringen • Tirol • Tokio • Toskana • Tschechische Rep. / Slowakische Rep. • Tunesien • Türkei • Türk. Mittelmeerküste • Ungarn • USA • USA: Neuengland • USA Ost • USA Südstaaten • USA West • Venedig • Weimar • Wien • Zypern • Die 30 tollsten Ziele in Europa •

Die Marco Polo Redaktion freut sich, wenn Sie ihr schreiben:
Marco Polo Redaktion, Mairs Geographischer Verlag
Postfach 31 51, D-73751 Ostfildern

Unsere Autoren haben nach bestem Wissen recherchiert. Trotzdem schleichen sich manchmal Fehler ein, für die der Verlag keine Haftung übernehmen kann.

Übersetzung: Julica Jungehülsing
Titelbild und Fotos innen: © Disney
Die Figuren und Attraktionen sind Eigentum der Walt Disney Company.
Euro Disney Resort und Euro Disneyland sind als Warenzeichen geschützt.
Alle Rechte vorbehalten.

2., aktualisierte Auflage 1994
© Mairs Geographischer Verlag, Ostfildern/Hachette, Paris
Lektorat: Nikolai Michaelis
Gestaltung: Thienhaus/Wippermann (Büro Hamburg)
Kartographie: © Hachette Guides de Voyage

Das Werk einschließlich aller seiner Teile ist urheberrechtlich geschützt. Jede urheberrechtswidrige Verwertung ist ohne Zustimmung des Verlages unzulässig und strafbar. Das gilt insbesondere für Vervielfältigungen, Übersetzungen, Nachahmungen, Mikroverfilmungen und die Einspeicherung und Verarbeitung in elektronischen Systemen.

Printed in Germany

INHALT

Entdecken Sie das Euro Disney Resort! 5
*Ein echter amerikanischer Vergnügungspark, aber auch
ein echtes europäisches Urlaubsparadies*

**Euro-Disney-Stichworte:
Von Audio-Animatronics bis Walt** 13
Das kleine Lexikon des Planeten Disney

Was schauen wir an? 21
*Main Street, Frontierland, Adventureland, Fantasyland und
Discoveryland: Zerstreuung und Spaß für jeden zwischen
7 und 77 Jahren!*

Wohin gehen wir essen? 43
*Bars, Restaurants und Eiscafés
aus allen Ecken der Vereinigten Staaten*

Shopping mit Pfiff 59
*Spielereien im Micky-Design, Pullis von
amerikanischen Baseball-Mannschaften
oder kalifornische Weine: Disneys Versuchung*

Traumhaft schlafen 69
*Hotels mit eigenem Thema oder Bungalows
bei Davy Crockett: Das Fest geht weiter*

Euro-Disney-Resort-Kalender 79
Im Euro Disney Resort ist immer etwas los

Was unternehmen wir? 81
*Ob Sie Sport treiben, bei Buffalo Bill's Wild West Show
mitmachen oder das Nachtleben des Festival Disney
genießen wollen – für Langeweile bleibt keine Zeit*

Von Auskunft bis Warteschlangen 85
*Hier erfahren Sie alles über Öffnungszeiten,
Reservierungen und die Leistungen des Euro Disney Resorts*

Gut zu wissen 91
Einige praktische Tips, die Ihnen Ihren Aufenthalt erleichtern sollen

Register 94

Was bekomme ich für mein Geld? 96

AUFTAKT

Entdecken Sie das Euro Disney Resort!

Ein echter amerikanischer Vergnügungspark, aber auch ein echtes europäisches Urlaubsparadies

Euro Disneyland? Wie soll man sich das vorstellen können, wenn man noch nie dort war — diesen riesigen Freizeit-Komplex, in dem rund um einen amerikanischen Vergnügungspark Hotels und Restaurants liegen, Geschäfte, eine Diskothek, Schwimmbäder, eine Eislaufbahn, eine Western-Freilichtbühne, ein großer Golfplatz, Bungalows und und und?

Man muß schon zugeben: Das Euro Disneyland ist wirklich mit nichts vergleichbar, was man in Europa kennt. Es ist ein Stück Amerika, vollgestopft mit Träumen und Utopien, das man einige Kilometer vor Paris in die Champagne (Region Brie) gepflanzt hat. Eine Art Jahrmarkt, gesteuert von Elektro-Ingenieuren; ein grandioses Spektakel, entwickelt von größenwahnsinnigen Zauberkünstlern, das auf einer Fläche von 600 Hektar täglich neu zelebriert wird. All das in den Kulissen eines Zeichentrickfilms — von Trugbildspezialisten in Lebensgröße entworfen. Und es hat auch etwas von der »Biosphere 2« (jener gigantischen Käseglocke, die mitten in die Wüste von Arizona gesetzt wurde und in der acht Wissenschaftler versuchen, in einer von der Außenwelt abgeschlossenen Sphäre zu überleben) — nur glücklicherweise in einer etwas spielerischeren Form. Euro Disney Resort ist auf jeden Fall ein erstaunliches kleines Land, in dem sich Phantasie und Präzisionstechnologie vereinen, Zauberei mit ökonomischer Rentabilität harmoniert, die Magie mit vorgeschriebenem Lächeln (im Stil amerikanischer Wahlkampftourneen), Popcorn und Hollywood-Luxus zugleich existieren, futuristische Attraktionen neben Prinzessinnen in der Kutsche, mittelalterliche Legenden neben der Weltraumeroberung; wo die Nostalgie des Goldrausches ihren Platz neben überzeugtem Puritanismus hat, neben Gespenstern und French-Cancan-Tänzerinnen, fliegenden Elefanten und Besuchern in geblümten Bermudashorts ...

Ein wahrhaft ulkiges Königreich! Junge Leute laufen als

Dornröschens Schloß

Bankräuber frei durch eine große Straße, die wie eine Kinokulisse aussieht. Falsche Berge, die in Wirklichkeit aus Beton sind, wurden aus einem Guß in die Brie-Region gesetzt, die diese vielleicht gar nicht so sehr vermißt hatte. Ein Hotel spielt den viktorianischen Palast, ein anderes läßt sich als neu-mexikanisches Pueblo erobern oder hält sich für einen New Yorker Wolkenkratzer. Mammutbäume von der anderen Seite des Atlantiks recken ihre (künftig) riesigen Äste in den Himmel der Île-de-France. Geysire sprudeln zu festgelegten Zeiten, während eine kleine Dampflok im Stil des 19. Jahrhunderts 365 Tage im Jahr ihre Runden dreht, eine Bisonherde sich von einem Buffalo-Bill-Imitator verfolgen läßt und Reproduktionen von Raddampfern durch das desinfizierte Wasser eines künstlichen Flusses gleiten. Eine fliegende Untertasse landet in der Nähe von Santa Fe, deutsche Touristen essen unter dem Sternenhimmel eines Restaurants, in dem immer Nacht ist, Piraten erobern ein spanisches Fort, Schneewittchen begegnet ein paar angeheiterten Cowboys, Michael Jackson beglückt eine schwermütige Königin, und ein verrückter Roboter entführt die Passagiere seines Raumschiffs auf eine kleine, schwindelerregende Spritztour, während Mary Poppins einen gigantischen Bären trifft, den alle Kinder Pu rufen.

Auf welchem Planeten sind wir denn da gelandet? Natürlich auf dem imaginären Planeten von Walt Disney – diesem 1901 geborenen kleinen Jungen, der seine Kindheit im hintersten Winkel von Missouri verbrachte und eines Tages nach Hollywood kam, um die Welt nach seiner Vorstellung neu zu erschaffen. Der Prinz dieses tolldreisten Königreichs ist eine unsterbliche Maus namens Micky.

Und so hat alles begonnen: »Samstag war der Tag, den ich immer für meine beiden Töchter reservierte«, hat Walt Disney einmal erzählt. »Wir gingen zu verschiedenen Plätzen und unternahmen viele Dinge; ich nahm sie mit zu den Karussells. Und da als ich Erdnüsse knabbernd auf einer Bank saß und zusah, wie die beiden Karussell fuhren, habe ich mir gesagt, man müßte einen Ort schaffen, an dem Kinder und Eltern sich gemeinsam amüsieren können.« Die Anekdote spielt am Ende der dreißiger Jahre. In jener Zeit waren die Vergnügungsparks in den Vereinigten Staaten fast immer dreckig schlecht organisiert, recht armselig und meist schlecht besucht. Es waren große Kirmesgelände auf denen Karussells, Riesenräder, Schießbuden und Berg- und Tal-Bahnen ohne Ordnung oder Logik herumstanden.

So hatte Disney, als er seinen beiden Töchtern auf dem Karussell zusah, zwei glänzende Ideen. Die erste war höchst einfach: Man muß einen Park schaffen, der so gut geführt wird, daß es so wohl in puncto Sauberkeit als auch in Sachen Sicherheit und Sittlichkeit nichts zu beanstanden gibt, und wo die ganze Familie, vom Baby bis zum Großvater Zerstreuung und Spaß findet. Die zweite Idee war fast genial: Der Park müßte so konstruiert sein, daß die Attraktionen sich um bestimmte »kulturelle« The-

AUFTAKT

Euro Disneyland, das Paradies für Kinder von 7 bis 77 Jahren

nen wie das Abenteuer, die Eroberung des Wilden Westens oder Science-fiction drehen. Jedes Thema würde in einem eigenen »Land« mit Veranstaltungen, Restaurants und Geschäften behandelt. Selbst das Personal müßte seinen Teil zu diesem Thema beitragen. Genau wie im Theater würde es Kulissen, eine Regie, eine Maschinerie und schließlich kostümierte Darsteller geben, die verschiedene Rollen spielen. Jedes Thema würde so den Besucher in ein imaginäres Universum versetzen, in dem er durch Kontinente und Jahrhunderte reist. Gleich zu Beginn ist es Disneys erklärter Wunsch, eine wirklich neue Form der Unterhaltung zu schaffen: zugleich familiär und themenbezogen. Heute erscheint uns vor allem das zweite Element (der systematische Bezug zu einem Thema) originell. Dies ist zweifellos die wirklich große Innovation und der geniale Zug Walt Disneys.

Mehr als ein Jahrzehnt verging, ehe Walt Disney 1954 offiziell die Errichtung eines solchen Parks in Anaheim bei Los Angeles (Kalifornien) bekanntgeben konnte. Natürlich verzögerte vor allem der Krieg die Entwicklung des Unternehmens, aber der Phantast Disney mußte auch politische Autoritäten und Bankiers davon überzeugen, daß sein verrücktes Projekt auch (sehr) rentabel sein könnte. Am 17. Juli 1955 entdeckt dann die amerikanische Öffentlichkeit zum ersten Mal Walt Disneys »Magisches Königreich« (Magic Kingdom). Der Park hatte zunächst etwa zwanzig verschiedene Attraktionen. Man sah dort falsche Dschungelwälder, beherrscht von nachgemachten Tieren, besuchte ein nie genutztes Operettenhaus und spazierte bei den Sioux und den Cowboys herum, als seien seither nicht Jahre über Jahre vergangen. Ganz gleich, wie alt er ist – der Besucher wird angeregt, sich in die Märchen und Träume seiner Kindheit zurückversetzen zu lassen. Wer hat sich nicht schon einmal vorgestellt, wie es wäre, auf einer einsamen Insel zu stranden, ein Baumhaus zu bewohnen, Micky Maus aus »Fleisch und Blut« zu treffen, den Sieben Zwergen von Schneewittchen in ihre Mine zu folgen oder aus einem Spukschloß zu fliehen? Theater, Zauberei, Kindheitserinnerungen und Figuren aus Zeichentrickfilmen – dies ist der Disney-Cocktail.

Die Amerikaner ließen sich schnell von der Idee erobern. Nach einigen kleinen technischen und finanziellen Enttäuschungen stellte sich der Erfolg ein. Die Zahl der Besucher und der Attraktionen wurde immer größer. Disneys »Magisches Königreich« gehört seither zu den amerikanischen Träumen. Eine Anekdote beweist dies. Zu Beginn der sechziger Jahre waren die Attraktionen noch in Gruppen von A bis E eingeteilt, wobei jeder neue Buchstabe ein wenig mehr Spannung versprach. Um den Park zu betreten, mußte man ein Heftchen mit einer bestimmten Anzahl von Tickets der Gruppen A, B, C, D und E kaufen. Das System war bald in ganz Amerika bekannt, »E-Ticket« wird zum Synonym für eine »Attraktion erster Klasse mit Sensationsgarantie«. Dies so sehr, daß Sally Ride nach der Rückkehr aus dem Weltraum an Bord des Spaceshuttles laut ausruft: »It was an E ticket ride!« (Es war ein E-Ticket-Flug), und alle Amerikaner verstanden, daß die Reise äußerst eindrucksvoll war.

Der Erfolg des ersten Themenparks veranlaßte Disney bald, einen zweiten zu errichten, diesmal in Florida. Aber er starb, ehe er sein Werk einweihen konnte. Dennoch öffnete der Park in der Nähe von Orlando im Jahre 1971 seine Pforten. Mit der Zeit wurde das ursprüngliche Konzept erweitert. Aus dem

AUFTAKT

Idee eines familiären Themenparks wurde immer mehr ein enormer Freizeitkomplex, in dem man nicht mehr nur einen Nachmittag, sondern gleich mehrere Tage oder eine ganze Ferienwoche verbrachte. Die Hotels wurden nun ganz in der Nähe des »Magischen Königreiches« erbaut — mit Erfolg.

Dann folgten neue Themenparks: das EPCOT Center im Jahr 1982 und 1989 die Disney-MGM-Studios. Ein Erfolg auch sie. Und wieder werden neue Hotels nötig... Ein Imperium entsteht unter dem Banner einer kleinen, schwarzen Maus, die pausenlos neue Gebiete erobert. In Florida zieren Mickys Ohren die Autobahnschilder auf den 11 200 Hektar, die die Walt Disney Company kaufte. Künstliche Seen ersetzen morastige Sümpfe. Eine futuristische Einschienenbahn gleitet still durch die er-

---

Welch eine Baustelle!

Gigantisch! Man muß diese Baustelle mit Siebenmeilenstiefeln durchmessen haben, um sich vorstellen zu können, welch gewaltiges Unternehmen die Errichtung eines solchen Tourismuskomplexes bedeutet. Mehrere tausend Arbeiter von mehreren hundert französischen und europäischen Firmen haben in diesem immensen Schlammloch gearbeitet. Zu manchen Zeiten arbeiteten 80 Kräne gleichzeitig, während Hunderte von Lastwagen, Baggern, Bulldozern, Betonmischern und Dampfwalzen die 600 Hektar große Baustelle in allen Richtungen durchpflügten. Tag und Nacht schleppten Spezialkonvois nach und nach die Bungalows der Davy Crockett Ranch oder Hunderte von Mammutbäumen aus Amerika — verschnürt wie Wurstpakete — aufs Gelände. Man glaubt an ein Wunder, aber nein — da wird tatsächlich eine Lokomotive aus Wales oder ein Stück viktorianischer Fassade, made in England, zwischen zwei noch nackten Böschungen wie eine Theaterkulisse herbeigeschoben. In weniger als vier Jahren (von August 1988 bis März 1992) hat man hier das Pendant einer echten Stadt geschaffen. Mehr als 300 000 Quadratmeter Gebäude wurden errichtet. Einmal zu Ende geführt, werden die Grundstücksgeschäfte hier mit denen des neuen Viertels La Défense vergleichbar sein. 32 Kilometer Straßen, ein Autobahnkreuz und mehr als zwanzig Brücken mußten gebaut werden. Elf Kilometer Schienen wurden verlegt, um die Linie A der Pariser S-Bahn RER bis ins Euro Disney Resort zu verlängern. Ganz zu schweigen von der neuen Trasse des TGV, die seit 1994 in Betrieb ist, oder den Tonnen von Schotter, die für die Parkplätze notwendig waren. Vier Millionen Kubikmeter Erde wurden bewegt, 34 000 Kubikmeter Spezialsand herangeschafft. Nicht zu vergessen der Golfplatz: Mehr als 300 000 Bäume und Sträucher wurden gepflanzt, dazu noch einmal so viele Blumen und andere Pflanzen. Diese Zahlen stellen die Anpflanzungen des Euro Disney Resorts auf eine Stufe mit denen der ganzen Stadt Paris.

> **700 Millionen Besucher**
>
> Im Jahr 1990 zählten die fünf Disney-Themenparks in der ganzen Welt insgesamt mehr als 50 Millionen Besucher. Allein der kalifornische Park verkaufte bis 1988 300 Millionen Eintrittskarten (und dies 33 Jahre nach seiner Eröffnung im Jahre 1955). Am 29. Mai 1991, nach nur achtjährigem Bestehen, feierte der Park in Tokio seinen hundertmillionsten Besucher. Man kann ohne Übertreibung schätzen (aber dies sind Vermutungen, da die Gesellschaft ihre Zahlen nicht sonderlich gerne offenlegt), daß seit 1955 mehr als 700 Millionen Gäste die Disney-Themenparks besucht haben. Ein phänomenaler Erfolg! Ins Euro Disney Resort kamen in den ersten zwei Jahren rund 19 Millionen Besucher, das sind durchschnittlich mehr als 25 000 pro Tag.

leuchtete Nacht und braust durch ein Hotel, um direkt in seiner Eingangshalle zu halten. Unterdessen explodieren Tag und Nacht Feuerwerksknaller und -lichter, die jedem tropischen Gewitter Konkurrenz machen.

Ende der siebziger Jahre entschließt sich die Disney-Gesellschaft, ihr Können zu exportieren. Man wählt Japan und öffnet 1983 in der Nähe von Tokio einen neuen Themenpark (Tokyo Disneyland). Trotz des rauhen Klimas und der großen Unterschiede in der Mentalität übersteigen die Zahlen auch dort die optimistischsten Erwartungen.

Seit 1984 denkt die Walt-Disney-Gesellschaft laut darüber nach, auch in Europa Fuß zu fassen. Mehrere Länder sind zunächst im Rennen. Doch schon ein Jahr später schwankt man nur noch zwischen Frankreich und Spanien (und in Frankreich zwischen Marne-la-Vallée und Avignon). Die Verhandlungen führt der amerikanische Konzern direkt mit den Regierungen von Frankreich und Spanien. Die Geschäftsbedingungen sind einfach: Bietet der Staat die erwarteten Hilfen und Erleichterungen, sorgt die Walt Disney Company für mehr als 10 000 Arbeitsplätze bis 1992 und für weitere 30 000 bis zum Ende des Jahrtausends. Wie nebenbei bringt sie außerdem jedes Jahr Millionen von Touristen ins Land. Ausführliche Marktforschungsstudien lassen die Île-de-France bald als geeignetsten Standort erscheinen. Im März 1987 wird der letzte Vertrag zwischen der Walt Disney Company und der französischen Regierung unterzeichnet. Dieser Vertrag schließt einen Nutzungsplan des Geländes (1943 Hektar) und ein Entwicklungsprogramm Euro Disney für eine Periode von 30 Jahren (bis 2017 also) ein.

Die Arbeiten beginnen im August 1988. Es wird eine der größten Baustellen des Jahrzehnts, die zweitgrößte nach dem Bau des Kanal-Tunnels. Kosten des Unternehmens: 22 Milliarden Franc für den ersten Bauabschnitt. Warum aber wurde die Region Brie ausgewählt, was war so reizvoll an der Brie-Ebene zwischen der Marne, dem großen und kleinen Morin? Furcht

AUFTAKT

bare Kämpfe fanden nicht weit von hier in den Jahren 1914 und 1918 statt. Gewiß, vor langer Zeit gehörte dieser Teil der Brie den Grafen der Champagne. Aber nichts davon scheint diese wenig pittoreske, landwirtschaftlich genutzte Region (das ist sie nun einmal) für eine derartige touristische Zukunft zu prädestinieren. Und es ist selten, daß französische Mais- und Futterrübenäcker – so fruchtbar sie auch sein mögen – das amerikanische Kapital anlocken. Der einzige Grund für eine derartige Begeisterung ist wohl die Nähe zu Paris. Und nicht allein der Balungsraum Paris mit seinen Vororten und Randgebieten, in denen fast zwölf Millionen Menschen leben, sondern auch die Tatsache, daß die Hauptstadt allein jedes Jahr Millionen von Besuchern aus der ganzen Welt anlockt. Die Lage von Paris im Herzen Europas (mit 330 Millionen Bewohnern) und die Verkehrsverbindungen (insbesondere der französische Hochgeschwindigkeitszug TGV), die die Hauptstadt mit anderen Ländern der Europäischen Gemeinschaft verbinden, taten das Ihre, die Chefs von Micky vollends zu überzeugen. Gesagt, getan: Die eher triste Gegend der Brie ist ein »Ort der Verzauberung« geworden, wie die Einweihungstafel verkündet, die der Präsident der Walt Disney Company Michael D. Eisner am 12. April 1992 anbrachte.

Euro Disney Resort, dieser »Ort der Verzauberung«, ist zunächst ein riesiges Gelände: 600 Hektar bei seiner Eröffnung am 12. April 1992, und 1943 Hektar beim Abschluß des Projekts – das ist so viel wie ein Fünftel der ganzen Stadt Paris. Der Themenpark selbst macht nur ein knappes Zehntel der derzeitigen Fläche aus (genauer gesagt: 56 Hektar). Wozu aber dienen die übrigen neun Zehntel? Man findet dort sechs Hotels, die zu den größten Europas gehören (mit Schwimmbädern, Tennisplätzen, Gärten etc.), einen weitläufigen Bungalowpark, ein Unterhaltungszentrum (das Festival Disney, das selbst wiederum über Geschäfte, Restaurants, eine Diskothek, Bars, ein Veranstaltungszentrum etc. verfügt), einen Golfplatz, einen See, eine Eislaufbahn und so weiter.

Als »Ort der Verzauberung« ist das Euro Disney Resort aber auch und vor allem ein Ort zum Lachen, einer, an dem man so tun kann, als ähnele die Welt einem zauberhaften Märchen. Hier hat die Phantasie immer Vorrang vor der Authentizität, und der Spaß an der Freude siegt über historische oder literarische Wahrheiten. Daß im Geschäft Scheherazade marokkanische Souvenirs verkauft werden oder Livingstone sich für einen Safarihelden hält, stört hier absolut niemanden. Und wenn Lehrern oder anderen ernsthaften Menschen dabei die Haare zu Berge stehen und sie vor Wut zu kochen beginnen, können sie sicher sein: Ihre unfreiwilligen kleinen Einlagen werden zweifellos in Kürze in die Vorstellungen eingebaut ... In diesem Königreich, das von einer gerissenen, kleinen Maus regiert wird, ist alles unecht und alles lustig. Pech für all jene, die sich bös verschaukelt fühlen, nur weil man sie auf den Arm genommen hat!

STICHWORTE

Von Audio-Animatronics bis Walt

Das kleine Lexikon des Planeten Disney

Ahörnchen und Behörnchen
Das eine hat eine schwarze Nasenspitze, das andere eine rote. Aber abgesehen davon gleichen sich diese beiden Streifenhörnchen – kleine Plagegeister und ein bißchen kleptoman – aufs Haar genau. Auf der Leinwand erschienen sie 1943 zum ersten Mal. Stets sind die beiden Witzbolde und Feinschmecker zu jedem Streich bereit, wenn es darum geht, ein paar Nüsse mehr zu ergattern.

Aschenputtel
»Man nannte sie im Haus gewöhnlich ›Aschenhaufen‹, weil sie immer in der Ecke des Kamins hockte und sich in die Asche setzte. Die jüngere Tochter, die nicht so böse war wie ihre ältere Schwester, nannte sie Aschenputtel.« Dies ist der Ursprung des ungewöhnlichen Namens. Das Märchen von Charles Perrault »Aschenputtel oder Der

Die Heldin der Brüder Grimm und ihre Gefährten

kleine gläserne Schuh« erschien 1697. Walt Disney macht daraus zweieinhalb Jahrhunderte später einen Film, der beachtlichen Erfolg hatte: Cinderella.

Audio-Animatronics
Es wird erzählt, daß Walt Disney während einer Reise durch Europa fasziniert war von alten Automaten. Man sagt auch, daß er als Kind mechanisches Spielzeug sammelte. Sicher ist, daß er zu Beginn der sechziger Jahre darüber nachzudenken begann, welche Möglichkeiten es gibt, eine Aufführung nur mit Automaten zu verwirklichen. Das Konzept der Audio-Animatronics war geboren. Aber die Verwirklichung sollte noch viele Probleme bereiten. Der erste erfolgreiche Versuch fand im Jahr 1963 statt. Es war eine Aufführung mit singenden, beweglichen Blumen und Vögeln (Enchanted Tiki Room). Heute schmücken sie das Disneyland in Kalifornien. Ein Jahr später forderte der Staat Illinois Disney auf, für die Weltausstellung in New York eine

Vorstellung zu arrangieren, »bei der die Schauspieler keine Kaffeepause machen müßten«. Disney brachte daraufhin eine noch nie dagewesene Attraktion auf die Bühne: Das Stück »Great Moments with Mr. Lincoln« zeigte den amerikanischen Präsidenten während einer Rede. Die Bewegungen des Körpers und der Augen von Abraham Lincoln begleiteten seine Worte. Er schien sogar zu atmen. Kurz, man hielt ihn für lebendig. Die Menge war begeistert.

In jener Zeit kontrollierte ein Stromkreis die hydraulischen und pneumatischen Übertragungssysteme, die mit einem Tonband und Lichtmaschinen verbunden waren. Manchmal erschien es wie ein Wunder, daß das Ganze überhaupt funktionierte. Glücklicherweise kam die Elektronik, die Ende der siebziger Jahre rasche Fortschritte machte, den Audio-Animatronics zu Hilfe. Sie wurden perfektioniert, indem man sie vereinfachte. 1988 erschien eine neue Generation von Automaten (die Serie A-100). Entwickelt mit Unterstützung des biomedizinischen Versuchslabors der Universität Utah, sind ihre Bewegungen jetzt flüssiger und lebensechter. Dem Euro Disneyland sind natürlich die letzten Neuerungen dieser Technik zugute gekommen. Die meisten Audio-Animatronics im Euro Disneyland wurden in Florida hergestellt und programmiert. Sie hielten Hunderte von Arbeitern über Monate auf Trab.

Insgesamt gibt es fast eine Million Geräte im Park: einige sehr simple, wie die Tiere im Big Thunder Mountain oder im Grand Canyon Diorama, die nur wenige einfache Bewegungen ausführen; andere sehr komplizierte, wie der Drachen im Schloß von Dornröschen. Wieder andere sind hochtechnisiert und vereinen Dutzende von Funktionen. Die beeindruckendsten befinden sich im Phantom Manor und im Pirates of the Caribbean. Die Realisierung des Degenduells in der Piratenshow war eine echte technische Herausforderung: Eine falsche Einstellung hätte genügt, daß die beiden Audio-Animatronics sich gegenseitig zerstören. Sie haben beachtliche hydraulische Kräfte! Wenn die geheimnisvolle Wirkungsweise der Audio-Animatronics Sie interessiert, besuchen Sie den »Timekeeper« (Zeitwächter) im Visionarium. Entblößt und transparent, enthüllt er seine ganze innere Maschinerie.

Bambi
Disney hat ein so rührendes Reh geschaffen und es in Gesellschaft seiner Kusine Feline und des Hasen Klopfer so poetische Abenteuer erleben lassen, daß man darüber beinahe das Buch von Felix Salten (erschienen 1923) vergessen hat. Mehrere Jahre Arbeit waren nötig, bis Bambi 1942 seine Kapriolen auf der Leinwand vollführen konnte. Aber die Mühe hat sich gelohnt und trägt noch immer Früchte: Seit die Videokassette »Bambi« herauskam, verkaufte sie sich fast zwölfmillionenmal...

Cast Member
Alle Angestellten im Disneyland haben das Recht auf den Titel »Cast Member« (was soviel wie Darsteller oder Mitglied des En-

STICHWORTE

sembles bedeutet). Sie tragen ein Abzeichen und nennen sich beim Vornamen. Aber dieser Titel ist mehr als eine nette Spielerei: Ob Popcornverkäufer, Kassierer, Restaurantchef oder Kellner — jeder ist wirklich ein Teil des Spektakels. Übrigens tragen alle, die Kontakt mit den Besuchern haben, ein spezielles Kostüm. Denn eins hatte Walt Disney begriffen: Ein einziger falscher Ton würde genügen, um den Zauber zu zerstören. Der Besucher (den man hier *guest*, also Gast nennt) muß empfangen werden wie ein Freund, dem man einen traumhaften Tag bereiten möchte. Jeder Angestellte muß seinen Part mit Perfektion spielen können, aber auch mit Freude. Deshalb empfangen die 12000 *Cast Members* von Euro Disney Sie immer mit einem Lächeln und werden alles daransetzen, Ihren Aufenthalt so angenehm wie möglich zu gestalten.

Die *Cast Members* sind angehalten, sich konform zum Gesamteindruck zu verhalten, den die Disney-Gesellschaft vermitteln will: Den Männern sind weder Bart noch Schnauzer oder Koteletten erlaubt, die Frauen dürfen kein auffälliges Make-up tragen, nicht mehr als einen Ring an jeder Hand, keine Ohrringe, die größer sind als zwei Zentimeter, und keine Pfennigabsätze. Verboten sind außerdem Jeans ebenso wie auffällige Strümpfe, es sei denn, sie gehören zum Kostüm. Ebensowenig ist es erlaubt, während der Arbeitszeit (auch beim Essen) alkoholische Getränke zu trinken — selbst wenn es nur ein Bier ist — und in den Büros zu rauchen.

Character

So nennt man hier die Disney-Figuren (Donald, Goofy, Schneewittchen, Aschenputtel und so weiter), die durch den Vergnügungspark und die Hotels streifen. Mit einigen von ihnen können Sie sich fotografieren lassen. Die *Characters* bleiben immer stumm. Wenn Sie sie ansprechen, antworten sie allein mit Gesten.

Disney Universität

In diesen Universitäten — es gibt sie in Florida und Kalifornien wie in Marne-la-Vallée — lernen die *Cast Members* ihr Handwerk. Dort bringt man ihnen bei, wie sie ihre Rolle spielen müssen, damit nichts das Spektakel stört und der Zauber perfekt ist. So beginnt jeder, selbst wenn er für gehobene verantwortliche Aufgaben vorgesehen ist, damit, daß er untergeordnete Arbeiten ausführt. Der künftige Abteilungsdirektor etwa wird zunächst eine Woche lang Pommes frites verkaufen und als Pu der Bär kleine Kinder in den Armen halten. Während dieser Ausbildungsphase lernt er alle Funktionen seiner künftigen Mitarbeiter kennen. Das System scheint wirkungsvoll zu sein, urteilt man nach der mustergültigen Professionalität der *Cast Members.*

Donald und Daisy

Dieses unwiderstehliche Entenpaar hat bereits sein goldenes Jubiläum gefeiert, denn seine ersten Zeichentrickgeschichten erschienen schon 1934 und 1937. Donald ist ein unverbesserlicher Hitzkopf, hat aber ein gutes Herz. Daisy wiederum schwankt zwischen Teenager-Problemchen und den Träumen einer amerikanischen Hausfrau. Zu Disneys Entenfamilie gehören natürlich auch die drei Neffen Tick, Trick und Track ebenso wie der geizige Onkel Dagobert. Ein vielleicht aufschlußreiches Detail: Als »lebende Figur« erscheint Dagobert nirgends in den Disney-Parks.

Dornröschen
Disneys Film »Sleeping Beauty« stammt aus dem Jahr 1959. Zu jener Zeit war dies der teuerste Zeichentrickfilm, der jemals gedreht wurde. Er entstand nach Motiven des bekannten Märchens von Perrault, das Ende des 17. Jahrhunderts erschien.

Dumbo
Es ist Frühling, und Frau Jumbo, eine Elefantendame, beklagt sich, weil sie noch immer kein Junges hat. Schließlich liefert ihr ein verspäteter Storch das ersehnte Gepäckstück ab. Das Elefantenbaby Dumbo hat aber derart große Ohren, daß es ihretwegen nur Probleme und Scherereien hat. Weil Dumbos Mutter versucht, ihren Nachwuchs zu verteidigen, wird sie von einem Wanderzirkus in einen Käfig gesteckt. Glücklicherweise hat das Mäuschen Timo einen Plan: Seine Freunde, die Raben, zeigen Dumbo, wie man fliegt – was dank der riesigen Ohren kein Problem ist. Dumbo tritt mit der Flugnummer im Zirkus auf und hat einen solchen Erfolg, daß der Direktor sich bereit erklärt, seine Mutter freizulassen.

Goofy
Goofy, der leicht vertrottelte Hund, wurde im Mai 1932 geboren. Übersprudelnd vor Optimismus, Freundlichkeit und Begeisterung, besitzt er zugleich eine beinahe unbegrenzte Fähigkeit, Katastrophen heraufzubeschwören. Goofy muß stets tüchtig überlegen, ehe er etwas unternimmt, und tapst dabei von einer Torheit in die nächste.

Imagineers
Das Wort »Imagineer«, entstanden aus den Begriffen »image« (Vorstellung) und Ingenieur, schuf Walt Disney 1952 für eine

Die Herzkönigin besitzt ein wahres Märchenschloß

Gruppe ganz spezieller Ingenieure: Ihr Job ist es, den lieben langen Tag phantasievollen Träumen nachzuhängen und dabei Kulissen und neue Attraktionen zu erfinden (vom Grand Canyon Diorama über die Pirates of the Caribbean bis hin zum magischen Kürbis von Aschenputtels Haus). Diese großen Kinder erfinden die verrücktesten Projekte, zeichnen und basteln Entwürfe ihrer Ideen, die zuletzt exakt nach ihren Phantasien realisiert werden. Das Team der 1200 *Imagineers* stellt eine hundertprozentige Tochtergesellschaft Disneys dar, das Walt Disney Imagineering. Die Mitarbeiter ge-

STICHWORTE

nießen einige Privilegien, denn schließlich will ein phantasievoller Geist nicht gegängelt werden.

Micky und Minni

Ihre ersten Gehversuche machte die 1928 geborene Micky Maus in dem Stummfilm »Plane Crazy«, der der Heldentat des Fliegers Charles Lindbergh im vorangegangenen Jahr gewidmet war. Aber dieser Film wurde erst später gezeigt. In »Steamboat Willie«, dem ersten »sprechenden« Trickfilm der Kinogeschichte (die Premiere war am 18. November 1928 im Colony Theater in New York), entdeckten die Zuschauer daher die männliche Maus mit der langen Schnauze zum ersten Mal. Seine Existenz verdankt Micky dem Bleistift- und Federstrich von Ub Iwerks. Und Lillian, Walt Disneys Frau, gab ihm seinen Vornamen. Walt Disney selbst hatte ihn zunächst Mortimer getauft. Was aber bekam Micky eigentlich von Walt? Das Drehbuch seiner Abenteuer und seine Stimme. Bis zum Schluß war es Walt Disney selbst, der Micky synchronisierte. Diese »menschliche Maus mit den lustigen und lebhaften Gesichtszügen« (so im französischen Wörterbuch »Robert«) eroberte die Zuschauer im Sturm. Micky ist gerissen, aber ohne Boshaftigkeit, dabei mutig und gerecht. War er zu Beginn einfach nur geschickt und optimistisch, wurde er bald zum Verteidiger puritanischer Werte und bürgerlicher Prinzipien der amerikanischen Nation. Er verkörpert den Traum von Fortschritt und Freiheit. Kurz, Micky ist bald nicht mehr nur der Sohn von Disney, sondern von ganz Amerika. Nur so ist zu verstehen, daß »Mickey Mouse« im Juni 1944 das Losungswort bei der Landung der Alliierten war. Seine Kinokarriere endete gegen 1953, zu jener Zeit, als die Firma Disney aufhörte, Original-Zeichentrickfilme mit Micky zu produzieren. Ab 1930 war die »schelmische Maus« aber bereits Comic-Held und bekam 1934 ihre eigene Wochenzeitung. Die 450 000 Exemplare der ersten Nummer waren in kürzester Zeit ausverkauft. Der Star Micky war gemacht, Fernsehsendungen und Fanclubs folgten. Der 1983 gegründete Disney Channel zählt schon im zweiten Jahr mehr als 2,5 Millionen Abonnenten. In diesem Fall hat wirklich eine kleine Maus Berge versetzt. Auch Minni erschien zum ersten Mal in »Steamboat Willie«. In ihrem unvermeidlichen roten Kleid mit den großen weißen Punkten singt, tanzt und spielt sie mit dem erforderlichen Anstand die Rolle der treuen Verlobten. Denn Micky ist in Wirklichkeit eher schüchtern in bezug auf Frauen.

Peter Pan

Peter Pan, eine Gestalt, die der schottische Schriftsteller James Matthew Barrie (1860–1937) erfunden hat, ist ein Kind, das beschlossen hat, niemals erwachsen zu werden. Sein Reich: das Niemalsland (Never Land), eine bezaubernde verlorene Insel zwischen den Sternen, auf der Rothäute leben, Feen, Piraten und nicht zu vergessen das Krokodil, das die rechte Hand von Käpt'n Hook verspeist hat. Dieser Jack Hook, Kapitän der Piraten, ist Peter Pans erklärter Feind.

Um in das Nimmerland zu gelangen, muß man nur bei Nacht aus dem Fenster fliegen, »die zweite rechts nehmen und von dort aus immer geradeaus bis zur Morgendämmerung«. Die Version von Walt Disney aus dem Jahr 1953 räumt der Zauberei einen noch größeren Raum ein als den Träumen. Kathleen Kelly-Lainé, eine Psychoanalytikerin, die eine ganze Studie dem Thema Peter Pan gewidmet hat, versichert, daß der Autor, der einen älteren Bruder verloren hatte, selbst dieser »kleine Junge, der nicht größer werden wollte«, war, weil er im Herzen seiner Mutter das verlorene und vielbeweinte Kind ersetzen wollte. Hinter der Erscheinung des Träumers versteckte Peter Pan seine Traurigkeit, die des einsamen Kindes.

Pinocchio

»Pinocchios Abenteuer. Die Geschichte einer Marionette« ist ein Roman des Florentiners Carlo Collodi (sein echter Name war übrigens Lorenzini) und wurde erstmals 1881 in einem Feuilleton veröffentlicht. Das »Journal des Enfants« hatte Collodi beauftragt, diese Romanepisoden zu schreiben, die unter dem Titel »Die Geschichte eines Hampelmanns« erschienen. 1940 produziert Walt Disney Pinocchio als Trickfilm. Die Geschichte ist bekannt: Nach zahlreichen Mißgeschicken — beim Halunken Stromboli oder im Bauch des schrecklichen Haifischs — verwandelt sich die übermütige Marionette in einen braven kleinen Jungen. Der Traum wird wahr und die Illusion Realität. So gesehen hätte Pinocchio eigentlich verdient, zum Maskottchen der *Imagineers* von Herrn Disney zu werden.

Pluto

Dieses brave Hündchen, das schüchtern und sentimental mit seinen langen Schlappohren dahertrottet, ist die Treue selbst. In ihm stecken die besten Vorsätze, doch bleibt es stets die Naivität in Person. Seit über 60 Jahren steht Pluto seinem Freund Mikky zur Seite.

Pu der Bär

Es gibt keinen größeren Gourmet als diesen Bären, der sich umbringen würde für einen Eimer Honig. Seine Gier jedoch bringt ihm viel Ärger ein. Glücklicherweise helfen seine Freunde Ferkel, Rabbit und Tigger ihm meist aus der Klemme, in die ihn seine unüberlegte Leidenschaft für Honigkuchen immer wieder bringt.

Schneewittchen

Inspiriert vom Märchen der Brüder Grimm, (erschienen von 1812 bis 1814), war »Schneewittchen und die sieben Zwerge« der erste musikalische Zeichentrickspielfilm, den Walt Disney realisierte. Die Produktion dieses Filmes, dessen Premiere am 21. Dezember 1937 im Carthay Circle Theater von Los Angeles gefeiert wurde, kostete fast eineinhalb Millionen Dollar.

Die Schweizer Familie Robinson

Walt Disneys Film »Swiss Family Robinson« entstand 1960 nach dem Vorbild eines Romans, der in den Vereinigten Staaten immer populärer war als in Europa, obgleich er von einem

STICHWORTE

Schweizer Schriftsteller verfaßt wurde: von Johann David Wyss (1743–1818). Wyss schrieb seinen Roman nach dem Muster von Daniel Defoes Robinson Crusoe, doch hat das Werk des Schweizers einen viel moralischeren und pädagogischeren Ton als das Original. Sein Schiffbrüchiger wird mit der ganzen Familie ans Ufer einer Insel gespült, die diesmal auch nicht verlassen ist. Der Schweizer Held nutzt den kleinen »Zwischenfall«, um seine artigen Kinder mit vernünftigen Ratschlägen zu überhäufen.

Walt

Walter Elias Disney wurde an einem Sonntag, dem 5. Dezember 1901, in Chicago geboren. Er wuchs mit seinen drei Brüdern und einer Schwester auf einer Farm in Missouri auf. Schon sehr früh interessierte er sich fürs Zeichnen – und für Geschäfte: Man erzählt, daß er schon im Alter von sieben Jahren seine »Werke« an die Nachbarn verkaufte. Im Herbst 1918 engagiert er sich beim Roten Kreuz und wird nach Europa geschickt. Er fährt einen Ambulanzwagen, den er über und über mit Karikaturen verziert hat. Nach dem Krieg beginnt er in Kansas City eine Karriere als Werbezeichner. Und in dieser Zeit – er ist erst 19 Jahre alt – entstehen seine ersten Zeichentrickfiguren. Im August 1923 verläßt Walt Kansas City, um nach Hollywood zu gehen – mit nur 40 Dollar in der Tasche. Glücklicherweise hat sein Bruder Roy, der ihm in dieses Abenteuer folgt, 250 Dollar zu verleihen. Sie brauchen das Geld auch, bekommen aber bald die ersten Aufträge und lassen sich in der Ladenstube eines Immobilienbüros in Hollywood nieder.

Am 13. Juli 1925 heiratet Walt eine seiner Angestellten: Lillian Bounds, mit der er zwei Töchter, Diane und Sharon, hat. Walt Disneys kleines Unternehmen verschreibt sich absolut und mit viel Enthusiasmus dem Zeichentrickfilm. Einige Kurzfilme entstehen und dann, 1937, der erste Spielfilm: »Schneewittchen und die Sieben Zwerge«. 1940 wird der Bau der Disney-Studios in Burbank fertig. Das Unternehmen zählt bereits mehr als 1000 Angestellte. Doch bedingt durch den Zweiten Weltkrieg dienen die Studios bald nur noch der Produktion von Schulungsfilmen und Propagandastreifen für die Streitkräfte. Nach Kriegsende kehrt man zur Unterhaltung zurück. Neben seinen Zeichentrickfilmen beschäftigt sich Disney in der Serie »True Life Adventures« auch mit Abenteuern der Wildnis und produziert Fernsehsendungen wie den »Mickey Mouse Club« und »Zorro«. Insgesamt verdanken wir Walt Disney 81 Filme. 1955 beginnt mit der Gründung eines mehr als ungewöhnlichen Vergnügungsparks in Kalifornien ein neues Abenteuer: Disneyland. Die Walt Disney World in Florida öffnet ihre Pforten erst 1971. Unterdessen aber ist der zaubernde Milliardär entschwunden »in das Reich, wo die Blätter immer grün sind« – so seine eigene Formulierung. Walt Disney starb am 15. Dezember 1966 an Krebs. In seinem Unternehmen arbeiteten damals 5000 Angestellte, heute sind es mehr als 50 000.

BESICHTIGUNGEN

Was schauen wir an?

Main Street, Frontierland, Adventureland, Fantasyland und Discoveryland: Zerstreuung und Spaß für jeden zwischen 7 und 77 Jahren!

Der Themenpark Euro Disneyland erstreckt sich über 56 Hektar und ist umgeben von Bergen, die zwischen 1990 und 1991 mit Hilfe von Bulldozern und Baumaschinen in der flachen Brieebene geschaffen wurden. Diese mit Bäumen bepflanzten Hänge begrenzen ein vor den Blicken der Außenwelt geschütztes Teritorium, ein in sich abgeschlossen wie ein Mikrokosmos, in dem alles möglich wird; eine riesige Theaterbühne, auf der Figuren aus Zeichentrickfilmen eine witzige Komödie in den Kulissen einer Märchenwelt oder eines science-fiction-Filmes spielen. Kaum eingetreten, vergißt der Besucher, daß er sich nur eine halbe Stunde von Paris entfernt hat. Hier ist alles nur Lachen, Phantasie und Zauberei. Hellblaue Elefanten überfliegen ein Operettenschloß, in dem eine Prinzessin soeben aus einem hundertjährigen Nickerchen erwacht; ein Kürbis verwandelt sich vor den Augen des Besuchers in eine Kutsche; zwei menschengroße Streifenhörnchen halten Kinder in den Armen; ulkige Roboter drehen auf Rollschuhen ihre Kreise; ein 24 Meter großer Drache spuckt Feuer; hübsche Cowboys singen die alten Lieder des Westens; derweil schickt ein Feuerwerk seine unechten Sterne über ein künstliches Gebirge, aus dem zehnmal am Tag ein kleiner, verrückt gewordener Bergzug herabdonnert.

Bemühen Sie sich nicht zu verstehen. Versuchen Sie, nicht nachzudenken! Man muß sich mitreißen lassen wie ein kleines Kind, dem man eine schöne Gutenachtgeschichte erzählt. Der Park ist unterteilt in fünf »Länder«: Main Street, USA; Frontierland; Adventureland; Fantasyland und Discoveryland. Jedes widmet sich einem bestimmten Thema. Die Main Street durchzieht die etwa kreisförmige Struktur des Parks vom Eingang bis zu seinem Mittelpunkt: Auf ihr arbeiten Sie sich voran zur Central Plaza, direkt vor dem Schloß. Die vier anderen Länder füllen praktisch je-

Im Euro Disney Resort wird Tag und Nacht gefeiert

weils ein Viertel des Kreises. In diesen vier Ländern liegen die meisten der 37 Attraktionen. Fast überall erleichtern die hohen Türme des Schlosses die Orientierung. In diesem Kapitel ist ausschließlich von den Attraktionen des Themenparks die Rede. Die Vorstellungen des »Festival Disney« sind im Kapitel »Unterhaltung« beschrieben.

Einige Attraktionen (Big Thunder Mountain, Autopia und Star Tours) erfordern eine gute körperliche Verfassung. Lesen Sie die Empfehlungen im Kapitel »Gut zu wissen« unter dem Stichwort »Gute Kondition«. Übrigens: Selbst wenn wir sensiblen oder sehr feinfühligen Menschen von einigen Attraktionen abraten, brauchen Eltern nicht zu befürchten, daß es irgendeine wirklich gewalttätige oder pornographische Szene in den Veranstaltungen gibt. Hier wird man nur eingeladen, den Ängstlichen zu spielen, man muß niemals wirklich Angst haben.

Wie organisieren Sie Ihren Besuch?

Erster Ratschlag: Kommen Sie früh. Ideal ist es, wenigstens 30 Minuten vor der Öffnung des Parks dort zu sein, dann haben Sie genug Zeit, zu parken und sich in aller Ruhe einem der 54 Eintrittsschalter zu nähern, um dort eine Weile in der Schlange

---

MARCO POLO TIPS FÜR BESICHTIGUNGEN

1 Big Thunder Mountain
Hier werden ein paar wahrhaft haarsträubend aufregende Momente garantiert! (Seite 28)

2 CinéMagique
Tolle Spezialeffekte in 3-D (Seite 39)

3 Dumbo the Flying Elephant
Ein fliegender Elefant ist der absolute Liebling kleiner Kinder (Seite 36)

4 Les Feux du Château
Schicken Sie ein Feuerwerksgedicht in die Sterne (Seite 25)

5 The Lucky Nugget Saloon
French-Cancan erobert die Cowboyherzen (Seite 32)

6 Phantom Manor
Lachen Sie über Ihre nächtlichen Alpträume von früher (Seite 30)

7 Pirates of the Caribbean
Ein Wunder der Technik mit den Illusionen echten Theaters (Seite 34)

8 Star Tours
Ersetzt eine echte Reise durch die Galaxien (Seite 41)

9 Le Théâtre du Château
Nie zuvor hat jemand ein so großes Bilderbuch gemalt (Seite 38)

10 Le Visionarium
Eine Flucht aus den Dimensionen der Zeit ohne philosophischen Hintergrund (Seite 40)

BESICHTIGUNGEN

zu stehen. Nachdem Sie Ihren Ausweis, das heißt Ihre Eintrittskarte, gekauft haben, betreten Sie den Park. Vergessen Sie nicht, in der City Hall nach einem Veranstaltungsprogramm zu fragen. Wenn Sie die Show im Lucky Nugget Saloon miterleben wollen, gehen Sie am besten zuerst dorthin, um einen Platz zu reservieren (immer geradeaus bis zur Central Plaza, dann links). Auch wenn Sie in einem der sechs Restaurants mit Bedienung am Tisch essen möchten, sollten Sie gleich bei Ihrer Ankunft einen Tisch reservieren. Verbringen Sie auf jeden Fall nicht zuviel Zeit in der Main Street: Sie haben noch am Ende des Tages Gelegenheit, hierher zurückzukehren. An der Central Plaza angekommen, entscheiden Sie ganz nach Ihren Vorlieben, ob Sie lieber mit dem Frontierland zur Linken oder mit dem Discoveryland, das rechter Hand liegt, beginnen wollen, um dann nach und nach die übrigen drei Länder zu besuchen.

Eine gute Möglichkeit (unserer Ansicht nach sogar die beste), den Besuch des Parks zu beginnen, besteht darin, zunächst an der Main Street Station die kleine Dampflok zu besteigen und eine Rundfahrt zu machen. Sie steigen an der Station Frontierland Depot, dem ersten Bahnhof, nach einem Viertel der Strecke wieder aus, und fahren erst nach dem Besuch im Frontierland weiter. Wenn Sie kleine Kinder haben, sollten Sie erst am zweiten Bahnhof, der Fantasyland Station, aussteigen. Dann sind Sie gleich an Ort und Stelle der für die Jüngsten reizvollsten Attraktionen.

Besuch mit kleinen Kindern

Sind Sie mit Kindern unter fünf Jahren unterwegs, gehen Sie direkt ins Fantasyland. Hier können Sie sicher sein, die Attraktionen zu sehen, die ihnen am meisten gefallen werden, ehe sie müde sind. Mit Kindern zwischen sechs und zehn Jahren entscheiden Sie sich zunächst für das Adventureland und dort für die Hütte der Robinsons und Adventure Isle, wo die Kleinen sich austoben können, und besuchen dann die Pirates of the Caribbean. Wenn Sie Jugendliche begleiten, beginnen Sie eher mit dem Discoveryland (Star Tours, Visionarium, Videopolis) und gehen dann ins Frontierland (Big Thunder Mountain, Phantom Manor). Geben Sie in jedem Fall den zehn von uns als Marco Polo Tips ausgewählten Attraktionen den Vorrang – es wäre wirklich schade, sie zu verpassen.

MAIN STREET, USA

Die Main Street ist eine typische Hauptstraße der Städte im amerikanischen Mittleren Westen um die Jahrhundertwende. Es gibt sie in jedem der Disney-Themenparks. Über sie erreichen Sie die vier anderen Länder des Parks, in denen sich die Hauptattraktionen befinden, während die Main Street selbst eher durch ihre Geschäfte, die Gastronomie und durch die beiden Paraden (La Parade Disney und Main Street Electrical Parade) interessant wird.

Gleich nachdem Sie das Disneyland Hotel und den Bahnhof hinter sich gelassen haben, landen Sie auf einem schönen, großen Platz (Town Square), der sich linker Hand zum Rathaus (City Hall) öffnet. Dort stehen auch die von Pferden gezogenen Omnibusse, die alten Limousinen, das Feuerwehrauto oder auch der Paddy Wagon (Polizeiwagen), die allesamt durch die Main Street pendeln. Fahren Sie ruhig einmal mit! Sie werden die 528 000 Pflastersteine der Main Street auch später am Tag noch auf eigenen Füßen erobern können.

Erschrecken Sie nicht, wenn Sie das eigenartige Gefühl haben, viel größer als gewohnt zu sein! Alles in der Main Street wurde auf Fünf-Achtel-Größe reduziert. Die hölzernen Fassaden und Schaufenster, die in England hergestellt wurden, sind also genauso wie die Geschäfte, die Restaurants und die Cafés viel kleiner als üblich. Das gleiche gilt für die Straßenlaternen, die Gasleuchten und selbst für die Bäume. Diese Verkleinerung hatte Walt Disney sich gleich zu Beginn ausgedacht, um dem Besucher zu ermöglichen, mehr zu sehen und gleichzeitig einige Schritte weniger laufen zu müssen. Aber der wichtigste Effekt dieser Größenreduzierung ist vielleicht, daß der Gast auch körperlich den Unterschied zwischen der realen Welt, die er soeben verlassen hat, und der Umgebung spürt, in der er sich jetzt befindet.

Gleich in der Main Street tauchen die Gäste ein in die Fiktion. Das Schloß von Dornröschen, dessen hübscher Anblick das Ende der Main Street ziert, hat schon nichts Überraschendes mehr: Wir haben Frankreich verlassen und ein amerikanisches Phantasieland betreten.

Wenn Sie die Main Street zu Fuß durchqueren, sollten Sie einen Blick in die Autowerkstatt (Main Street Motors) werfen wo alte amerikanische Wagen ausgestellt werden, deren glänzendes Chrom an jene verkauft wird, die es sich leisten können. Überall auf dieser Hauptstraße treffen Sie Musikantengruppen und kostümierte Komödianten die Sketche oder bekannte Lieder aus der Zeit der Jahrhundertwende vortragen. Dieses Spektakel läuft fast ununterbrochen, da jede Gruppe ihre Vorstellung siebenmal am Tag wiederholt. Gleich am Eingang spielen die acht Suffragetten Melodien, die man zu Zeiten von Präsident Theodore Roosevelt hörte. Ein Stück weiter, neben dem Friseurladen Dapper Dan's Hair Cuts, treffen Sie The Main Street Quartet. Dort haben der Barbier mit seinem gestreiften Kittel und einige Geschäftsleute aus der Straße eine Band gegründet. Wenn sie nicht gerade auf ihrem viersitzigen Fahrrad herumgurken, kapern sie mitunter den Trolleybus. Und wundern Sie sich nicht, wenn Sie die Keystone Kops, ein Saxophon Quintett, das einem Stummfilm entsprungen zu sein scheint, in der grünen Minna die Main Street entlangfahren sehen. Die artigen Jungs haben gewiß nichts verbrochen. Nicht mehr jedenfalls als Pratfall and Son zwei Komiker, die Farcen im Stil von Stan Laurel und Oliver Hardy spielen. Für Fensterputzer, Straßenfeger oder Gärtner einspringend, verursachen sie nichts als Chaos in der Main Street. The Home Run Gang, ein Trio junger, kaugummikau

BESICHTIGUNGEN

...nder Rabauken, singt aus voll...m Halse und tanzt zu Ragtime-...hythmen durch die Straße. Kla-...ier und Banjo geben ihnen den ...insatz, wenn sie Casey's Corner ...türmen. Ein ganz anderer Stil ...errscht im Plaza Gardens Re-...taurant, wo die Damen viktoria-...ische Refrains intonieren und ...esentlich graziösere Manieren ...eigen. An schönen Tagen ...immt sich The Euro Disney-...and Band, eine Kapelle mit 19 ...usikern in rot-weißen Kostü-...en, die Zeit für einen durch-...ringenden Marsch, der alle ...elt, Besucher und *Cast Members*, ...u Brüdern macht.

...a Parade Disney

...on der Euro-Disneyland-Fanfa-...e angekündigt, zieht eine Para-...e von zwölf Wagen aus der ...how It's a Small World durch ...ie Main Street, nachdem sie zu-...or das Dornröschen-Schloß ...mrundet hat. Jeder der Wagen ...lustriert eine berühmte Zei-...hentrick-Geschichte. Insge-...amt mobilisiert diese Parade ...40 *Cast Members*, darunter ...ehr als 180 Schauspieler und ...icht weniger als 32 Musiker. ...ie für die Fortbewegung der ...on versteckten Fahrern gesteu-...rten Wagen nötige Energie ...ird in eingebauten Batterien ...espeichert, die auch die Laut-...precher und Lichtanlagen ver-...orgen. Die pneumatischen Be-...egungen funktionieren mit ...ruckluftflaschen, und einige ...pezialeffekte werden mit Hilfe ...on Gasflaschen erzeugt. *La Pa-...ade Disney findet nachmittags statt. ...ei Regen oder bei Sturm fällt die Pa-...ade aus. Nähere Informationen fin-...en Sie im Veranstaltungsprogramm. ...er beste Aussichtspunkt auf die Pa-rade ist mit Sicherheit der* ◆ *Bahnhof (Main Street Station), der es dem Besucher ermöglicht, von oben auf die Parade hinabzusehen. Recht gut sieht man auch am Anfang der Main Street, gleich hinter dem Town Square. Wenn Sie arg müde sind, setzen Sie sich ins Café des Visionnaires. Und warten Sie nicht bis zum letzten Augenblick: Die besten Plätze sind begehrt!*

Les Feux du Château

★ Dieses Feuerwerk, das über dem Schloß von Dornröschen abgebrannt wird, findet nur in der Saison an Abenden mit verlängerter Öffnungszeit statt, etwa gegen 22 Uhr, nach der Parade (Main Street Electrical Parade) und nur bei wolkenlosem Himmel. Aber wenn Sie darauf warten, wird Ihre Geduld belohnt. Die rosigen Türme des Schlosses sind plötzlich – wie von tausend Zauberstäben berührt – umgeben von Millionen bunter Sterne, die aufsteigen, strahlen und in Kaskaden wieder herabstürzen. Die Feen von Herrn Disney haben ihre pyrotechnischen Hausaufgaben wirklich gründlich gemacht! *Informationen über die Termine und Uhrzeiten finden Sie im Veranstaltungsprogramm. Plätze, von denen aus Sie eine besonders gute Sicht haben, finden Sie auf der gesamten Main Street, weniger überfüllt ist es im Fantasyland hinter dem Schloß zwischen Mad Hatter's Tea Cups und Les Voyages de Pinocchio.*

Liberty Arcade und Discovery Arcade

Diese beiden überdachten Passagen verlaufen auf der Rückseite der Main Street. Sie erlauben es, die Central Plaza geschützt vor

Regenschauern zu erreichen. Liberty Arcade erzählt die Abenteuer der Freiheitsstatue, die – ein Jahrhundert vor der Schaffung des Euro Disneylandes – das Band zwischen der französischen und der amerikanischen Kultur knüpfte. Discovery Arcade thematisiert die industrielle Revolution mit Hilfe von Miniaturreproduktionen.

Liberty Court

Sie waren am 28. Oktober 1886 noch nicht auf der Welt? Dann haben Sie die Einweihung der Freiheitsstatue im Hafen von New York vermutlich verpaßt. Präsident Stephen Grover Cleveland, im vorangegangenen Jahr gewählt, war dort und natürlich auch Frédéric Auguste Bartholdi, der Bildhauer dieser 33 Meter hohen Dame aus Bronzeplatten, deren Stahlskelett das Werk Gustave Eiffels war. Als Andenken überragt ein Miniaturmodell dieser »Freiheit, die die Welt erhellt«, die Seine am Pont de Grenelle. Wenn Sie also die Einweihung versäumt haben, können Sie dieses bedauerliche Versehen wiedergutmachen, indem Sie sie beim Liberty Court mit etwas Verspätung sehen. *Auf der linken Seite der Main Street, neben Dapper Dan's Hair Cuts*

Main Street Electrical Parade

Nach mehr als 13 Jahren treuer und guter Dienste im Vergnügungspark in Florida wurde die Lichterparade im Herbst 1990 verpackt und nach Frankreich verschickt. Seit seiner »Premiere« am 11. Juni 1977, so hat man errechnet, hat dieser nächtliche Umzug gut und gerne die Entfernung zwischen Walt Disney World in Florida und Disneyland in Kalifornien zurückgelegt. Obgleich die Parade gewissermaßen »second hand« ist glänzen all ihre Lichter und Feuer mit Einbruch der Dämmerung noch immer prächtig. Sieben erleuchtete Wagen mit Musik bewegen sich nach einer Choreographie von J.-M. Chastel. Auf den Schultern ihrer Väter trauen die Kinder ihren trotz Müdigkeit aufgerissenen Augen kaum. Mehr als 100 *Cast Members* nehmen an der Parade teil. *Die Lichterparade findet nicht das ganze Jahr über, sondern lediglich an ausgewählten Abenden statt. Informationen über die genauen Termine und Uhrzeiten nennt das Veranstaltungsprogramm. Die Strecke der Main Street Electrical Parade ist identisch mit der Route von La Parade Disney. Der beste* ⚡ *Aussichtspunkt ist auch hier der Bahnhof (Main Street Station), von dem aus Sie auf die Parade herabsehen können, oder am Anfang der Main Street, gleich nach dem Town Square.*

Main Street Station

Dies ist der Hauptbahnhof von Euro Disneyland – ganz aus viktorianischen Kunstschmiedearbeiten mit einem Bahnhofsvorsteher im zeitgenössischen Gewand, der aussieht, als sei er soeben aus einer jahrzehntelangen Hypnose erwacht. Steigen Sie die Treppen hinauf und in einen Dampfzug, der typisch für das Ende des 19. Jhs. ist. Er ist – wie die Gebäude in der Main Street – auf Fünf-Achtel-Größe reduziert. Die Lokomotive ist eine »4–4–0«, was bedeutet: vier kleine Räder vorne, vier Antriebsräder und null folgende Räder. Sie ist die Reproduktion eine

BESICHTIGUNGEN

Modells von 1890 mit einem Kohle-und-Holz-Verbrennungssystem. Das Ganze wurde maßstabsgetreu in Wales hergestellt. Der Zug, der den gesamten Themenpark umrundet, führt zunächst durch das Grand Canyon Diorama, hält am Bahnhof des Frontierlands, des Fantasylands und des Discoverylands, ehe er zur Main Street Station zurückkehrt. ❈ Bei dieser Fahrt auf einem erhöhten Bahndamm haben Sie einen wunderschönen Blick über die fünf Länder des Parks und können sich so gut einen ersten Eindruck verschaffen. *Die Treppen zum Bahnhof beginnen genau hinter der Schalterhalle.*

Versteckspiel hinter den Ohren des listigen Mäuserichs

FRONTIERLAND

Als Heimat der Trapper, Cowboys und Minenarbeiter erhielt Frontierland seinen Namen von der »Grenze« (engl. *frontier*), jener Demarkationslinie, die seit den letzten Jahrzehnten des 18. Jhs. unablässig in Richtung Westen verschoben wurde. Seit im Jahre 1848 ein gewisser James Marshall durch Zufall in einem Flußbett Gold fand, vermutete man jenseits dieser Grenze unermeßliche Bodenschätze. Solange es noch Land zu erobern gab, blieb die Hoffnung, ebendort ein Glück zu machen. Und diese Hoffnung hielt so lange an, bis die Grenze ziemlich genau mit der Küste des Pazifiks übereinstimmte. Der Westen konnte nun keinen maßlosen Träumen mehr nachhängen. Amerika mußte sich damit zufriedengeben, ein begrenztes Land zu sein, eine Expansion konnte sich fortan nur noch außerhalb der Grenzen vollziehen. Aber das ist eine ganz andere Geschichte.

Während der Zeit des Goldrausches ließen sich die Pioniere dort nieder, wo sie hofften, viel erbeuten zu können (oder wenigstens genug zum Überleben), insbesondere also dort, wo bereits Spuren von Edelmetallen gefunden worden waren. Sobald aber eine Gold-, Silber- oder Kupferader abgebaut war, zogen sie weiter, um ein neues Eldorado zu erobern. Bald gab es im ganzen Westen Phantomstädte, die in einigen Monaten errichtet und ebensoschnell wieder verlassen worden waren. Thunder Mesa wird ein solches Schicksal nachgesagt. An bessere Tage erinnern noch der Saloon der Stadt (der Lucky Nugget Saloon), ihr kleiner Flußhafen (Riverboat Landing), an dem zwei schmucke Raddampfer festmachen, ein Bahnhof und die Modellfarm Critter Corral. Aber die Zeiten haben sich geändert: Die Minen sind ausgebeutet, und Thunder Mesa wurde von seinen Bewohnern verlassen. Symbol dieser weniger glorreichen Jahre: das Spukhaus (Phantom Manor), in dem die Musik nur noch verblassenden Geistern zum Tanz aufspielt. So repräsentiert das Frontierland gleichzeitig zwei verschiedene Epochen.

Auf den Straßen lassen Komödianten und Stuntmen vor Ihren Augen Westernszenen wiederaufleben. Auf den Dächern hockend oder hinter den Stützpfeilern der Veranden verborgen, begleichen die Gunfighters ihre Rechnungen per Revolver und schrecken nicht davor zurück, auf offener Straße zu schießen. Drei Musikantengruppen tragen unterdessen typische Melodien des Westens vor.

Big Thunder Mountain

★ Diese künstliche Insel in den Farben der Wüste markiert mit ihren 33 Meter hohen Steilhängen das Ufer der Rivers of the Far West. Hier war wohl das Monument Valley, diese grandiose Wüstenlandschaft, die John Ford 1939 für seinen Film »Höllenfahrt nach Santa Fe« zum ersten Mal im Kino zeigte, die Quelle der Inspiration. Seither wurden hier so viele Western gedreht (»Rio Grande«, »Billy the Kid« etc.), daß man sich kaum wundern würde, wenn plötzlich John Wayne auftauchte. Monument Valley diente auch zahlreichen Abenteuerfilmen wie »2001: Odyssee im Weltraum« oder »Indiana Jones« als Hintergrund. Beim Bau des Disney-Gebirges dachte man natürlich gar nicht daran, echte Felsen heranzuschleppen. Man mußte daher eine enorme Metallkonstruktion errichten, auf der man mehrere tausend Kubikmeter Felsimitationen anbrachte, die wiederum aus verkleidetem Beton angefertigt worden waren. Das Ganze wurde anschließend mit Gips bearbeitet, geformt, auf alt getrimmt und schließlich mit 26 500 Litern Farbe angemalt damit es aussah wie jene von Wind und Wetter gezeichneten roten, felsig-sandigen Bergspitzen. Und es wirkt täuschend echt. Besonders weil die überraschungsreiche (und rasante) Exkursion in die leerstehende Goldmine kaum Zeit läßt, die Örtlichkeiten genau unter die Lupe zu nehmen.

Zunächst gelangt man in die Büros der Mine. Man hört den Lärm von Kompressoren und klapperndem Metall. Ist der Abend angebrochen, erhellt nur noch der flackernde Schein der Lampen der Minenarbeiter die soliden Bohlen. Zu spät, um umzudrehen! Schon steigt man in einen kleinen Zug mit holpernden Waggons, der schonungslos in einen äußerst beunruhigenden Tunnel braust. In der Dunkelheit leuchten die Augen der Fledermäuse, kleine Tümpel schimmern phosphoreszierend und Wasserfälle drohen die ganze Zugbesatzung zu durchweichen. Dann donnert der Zug in verrücktem Tempo durch die Mine, ehe er steile Gefälle herabstürzt und unvermutet in die enge Schlucht eines Steilhangs saust. Die in ihrem Baum hängende Opossumfamilie macht nicht den Eindruck, als ob sie dieses Eindringen in ihr Revier billigte. Was soll's, die Brücke ist zerbrochen – werden Sie in der Fluß stürzen? Dieser Gefahr so eben entronnen, kündigt sich eine neue an: Es gab einen Unfall, und die Passagiere sind angehalten, ihren Kopf einzuziehen, wenn sie sich nicht im Tunnel skalpieren lassen wollen. Sie haben sich von diesem Schock er

BESICHTIGUNGEN

holt? Atmen Sie noch nicht auf! Eine gigantische Explosion droht alles zu versengen, die Berge setzen sich in Bewegung und hüllen Sie in eine Wolke aus Goldstaub ... Sie werden gerade genug Zeit haben, sich zu fragen, wie viele von Ihnen diesen totalen Zusammenbruch überleben werden. Seit diese Attraktion 1979 zum ersten Mal im kalifornischen Disneyland realisiert wurde, gehört sie zum Inventar aller Disney-Parks. Vorsicht! Big Thunder Mountain ist etwas für waghalsige und sportliche Gäste. Kinder, die kleiner als 1,02 Meter sind, werden nicht zugelassen (ein Rad am Eingang dient als Meßstab). Wenn Sie allerdings wirklich ein Freund starker Sensationen sein sollten, bemühen Sie sich auf jeden Fall um einen hinteren Platz im letzten Wagen: Alle Effekte verzehnfachen sich dort. Wir haben Sie aber gewarnt! *Die Fahrt beginnt nicht auf der Insel, sondern am Ufer, gegenüber dem Restaurant Fuente del Oro.*

Critter Corral

★ Ziegen, Kaninchen, Hühner und Enten springen, schnattern und tollen im Critter Corral, einer traditionellen Ranch, frei herum. Kinder werden die charmanten Leistungen der Tiere dieser Farm schätzen. Allein aus Freude daran, die Besucher zu begeistern, klettern die Ziegen waghalsig auf ihrem künstlichen Hügel herum. Im Wind dreht sich langsam ein altes Windrad, und für einen Moment glaubt man, gerade in einer Szene für den Film »Unsere kleine Farm« mitzuspielen. *Critter Corral liegt ganz in der Nähe des Bahnhofs Frontierland Depot*

Grand Canyon Diorama

Man muß in den kleinen Dampfzug steigen, der die Park-Rundfahrt macht, um dieses Diorama in einem 80 Meter langen Tunnel zu durchqueren. Das Diorama befindet sich rechter Hand in Fahrtrichtung. Seinen Hintergrund bildet eine 770 Quadratmeter große Panoramafreske, für deren Herstellung nicht weniger als 1450 Liter Farbe nötig waren. Vor dieser Freske sind Fauna und Flora des Wilden Westens rekonstruiert worden. Insgesamt 33 verschiedene Pflanzenarten und 48 Tiere, die im Grand Canyon heimisch geworden sind: Pumas, Waschbären, Bären, Coyoten, Klapperschlangen, Füchse und so weiter... Die dargestellten Szenen zeigen einen schönen Frühherbsttag vom Beginn der Morgendämmerung bis zum Sonnenuntergang. Am Ausgang des Tunnels empfängt die hohe Silhouette des Big Thunder Mountain die Passagiere. Nächster Halt: Frontierland Depot, der kleine Bahnhof mit dem grün gedeckten Dach, der den verlassenen Ort Thunder Mesa mit der Außenwelt verbindet. *Es gibt keinen anderen Weg, das Diorama zu entdecken, als den kleinen Dampfzug. Der Hauptbahnhof (Main Street Station) ist also quasi der Eingang.*

Indian Canoes

Ein *Cast Member* in Gestalt eines Trappers führt die Boote, aber die Passagiere dürfen sich an den Paddeln betätigen. An Bord dieser Kanus kann man einen etwas sportlicheren Ausflug zwischen den Felsformationen und künstlichen Grotten des Big Thunder Mountain unternehmen. Die

Passagiere entdecken dabei auch eine verlassene Mine. *Einstieg ein Stück hinter Smuggler's Cove. Die Tour (nur bei gutem Wetter) dauert etwa zehn Minuten.*

Legends of the Wild West

Wenn Sie das Frontierland durch das Fort Comstock betreten, befinden Sie sich gleich mitten in dieser Ausstellung über die legendären Figuren des Wilden Westens. In den verschiedenen Räumen und Türmen des Forts zeigen Wandbilder Szenen aus den Abenteuern der Goldsucher, der Outlaws, der Sheriffs und vieler anderer. Der Rundgang endet am Indianercamp. In den Zelten – von denen eines mit authentischen Gebrauchsgegenständen der Cheyenne ausgestattet ist – sind Szenen aus dem Leben der amerikanischen Ureinwohner nachgestellt.

Mark Twain und Molly Brown

Das Abenteuer beginnt am Landungssteg Langhorne Landing (diese Bezeichnung stammt von dem Namen Samuel Langhorne Clemens, bekannter als Mark Twain). Während dieser Flußfahrt umrundet man den Big Thunder Mountain, ehe man an Smuggler's Cove (Schmugglerbucht) und am Kanusteg vorbeifährt. Kurz darauf ändert sich die Landschaft: Wilderness Island ist bedeckt von einem dichten Wald aus Koniferen und Birken, auf die unablässig Bäche schmelzenden Schnees hinabspritzen. Ein Anlegeponton voller Kisten und Fässer zeugt von der Tätigkeit einiger Pioniere. Elche grasen an der Böschung. Aber was erblickt man da ein Stück weiter? Dieser verlassene Planwagen mit seinen beiden zum Skelett (im wahren Sinne des Wortes) abgemagerten Rindern hat nichts sehr Beruhigendes. Es stimmt wohl, daß es nicht immer ungefährlich ist, diese vielversprechenden Gegenden zu erforschen! Die Seereise endet in einer ganz anderen Landschaft, einer dem Yellowstone Nationalpark im Staate Wyoming würdigen. Die Geysire sprudeln, und die Schlammteiche gluckern – einer heftiger als der nächste. *Die »Kreuzfahrt« dauert fast eine Viertelstunde. Die Schiffe legen eine Strecke von gut zwei Kilometern zurück. Einstieg ist am Riverboat Landing.*

Phantom Manor

★ Errichtet in den glorreichen Jahren des Goldrausches, ist dieses altersschwache Haus inzwischen nur noch von beunruhigenden Geistern bewohnt. Die hitchcockartige Silhouette (das Haus des Films »Psycho« könnte als Modell gedient haben) des Bauwerks erhebt sich vor den Küsten und roten Gesteinen des Frontierland.

Seine Geschichte ist folgende: Unter den Gründern der kleinen Stadt Thunder Mesa lebte eine Familie, die bald zu Reichtum kam. Mit dem verdienten Geld errichtete sie dieses ansehnliche Gebäude. In dieser Familie gab es eine Tochter, deren Ehemann in der Hochzeitsnacht verschwand – vermutlich wurde er ermordet. Auf jeden Fall sah ihn niemand jemals wieder, und das stattliche Haus wurde verlassen und zerfiel zur Ruine. Beim Übertreten der Schwelle heißt Sie ein gespenstischer Gastgeber mit einer echten Grabesstimme willkommen. Die Tür schließt

BESICHTIGUNGEN

ch wieder. Die Besucher treten in einen eigenartigen Raum ohne Tür und Fenster. Bald verzerren sich die Wände und die Porträts der Braut auf bizarre Weise. Der Spuk-Gastgeber wettet mit seinen Besuchern, daß sie keinen anderen Ausgang finden werden als den, den er ihnen vorschlägt! In eines von 130 *Doom Buggies* (kleine Wagen für zwei oder drei Personen, die sich automatisch fortbewegen) verfrachtet, werden die Gäste alsdann zu einem düsteren Fest geleitet. Nichts fehlt: hämisch grinsende Skelette, Spinnennetze, die jeden Moment auf Ihren Kopf fallen können, Gewittergrollen, staubige Kandelaber, unheilbringende Raben, eine Uhr, die die dreizehnte Stunde schlägt, Walzer tanzende Geister im Ballkleid. Porträts verändern sich vor Ihren Augen, Kadaver steigen aus ihren Gräbern ... mit einer eigenartigen Geste zur Kristallkugel weisend, vor der eine Wahrsagerin unablässig ihre Beschwörungen hervorstößt. Wer glaubt, der Alptraum habe hier seinen Höhepunkt erreicht, sieht sich wiederum getäuscht. Die Besucher dringen nun in die Katakomben ein, ehe sie die Totenstadt vom Phantom Canyon entdecken, in der die Bankräuber noch immer versuchen, ihrem Schicksal zu entgehen. Ein letztes Erdbeben, und Sie sind in Sicherheit! Endlich ... vielleicht!

Für dieses prächtige Spektakel werden 92 Audio-Animatronics und einige hundert bewegliche Accessoires in Gang gesetzt, nicht zu reden von den Spezialeffekten. Dies ist der einzige Ort in Euro Disney, wo die *Cast Members* gebeten werden, nicht zu lächeln. Phantom Manor ist nicht das erste Spukschloß Disneys. Die Parks in Kalifornien, Florida und Japan haben auch je eines. Sie gehören überall zu den beliebtesten Attraktionen. Beachten Sie, daß einige Szenen Kinder erschrecken könnten. *Linker Hand neben der Anlegestelle der Raddampfer*

River Rogue Keelboats

Der »Raccoon« und der »Coyote« ähneln jenen aus allen möglichen Materialien zusammengezimmerten Booten, die im 18. Jh. auf den amerikanischen Flüssen umherfuhren. Einstiegspunkt ist Smuggler's Cove, der Sammelplatz der Piraten, Trapper und Pelzhändler der Region. *Smuggler's Cove liegt etwas hinter dem Eingang zum Big Thunder Mountain. Die Fahrt (nur bei gutem Wetter) dauert etwa zehn Minuten. Die Route ist die gleiche wie die der Raddampfer.*

Rivers of the Far West

Während ihrer Streifzüge durch die großen Ebenen — stets auf der Suche nach Gold — errichteten die Pioniere ihre Städte meist an den großen Flüssen des Westens: dem Colorado, dem Rio Grande, dem Sacramento. Als Erinnerung an diese mythischen Siedlungsorte wurde Thunder Mesa am Wasser, genauer: an den Ufern der Rivers of the Far West gebaut. Wer diese Flüsse rund um den Big Thunder Mountain per Schiff erobern will, hat die Wahl zwischen drei Transportmöglichkeiten: Zwei wunderschöne Raddampfer (Mark Twain und Molly Brown genannt), Indianerkanus (Indian Canoes) und zwei Kielboote (River Rogue Keelboats) liegen bereit.

Rustler Roundup Shootin' Gallery

Diese Schießbude mit ihrer alten Fassade aus rotem Holz liegt an den Uferhängen der Rivers of the Far West. 74 Schießscheiben sind in einer Zeichentricklandschaft angebracht. Die 18 Gewehre (mit Schall- und Rückstoßeffekten) sind Reproduktionen von Waffen, die seinerzeit wirklich im Wilden Westen benutzt wurden. Jeder Einschuß löst Stimmen und Schreie von Tieren aus. *Dies ist die einzige Attraktion im Themenpark, die extra bezahlt werden muß: 10 FF pro Spiel. Die Gewehre funktionieren mit Geldstücken.*

The Lucky Nugget Saloon

★ Lucky Nugget ist der »Klumpen Glück«, von dem all die Pioniere der Goldrausch-Zeit träumten. Wie die temperamentvolle Miss Lil in seinen Besitz gelangte, weiß niemand. Aber er muß hübsch dick gewesen sein, dieser »lucky nugget«, denn Miss Lil vertauschte endgültig ihre Bluejeans gegen ein schönes Seidenkleid, ehe sie sich auf und davon machte ... in Richtung Paris. Sie wählte das Moulin Rouge, um ihre Talente als Revuedame zu perfektionieren, und dort traf sie auch den verführerischen Pierre Paradis. Zurück in Thunder Mesa, eröffnet sie mit ihrem »french lover« und sechs französischen Tänzerinnen einen luxuriösen Saloon ganz in Rot und Gold, wo das Kupfergeschirr nur so blinkt. Der »lucky nugget« wird dort übrigens unter einer Glasglocke hinter der Theke präsentiert.

Während Miss Lils Gigolo den Charmeur spielt und Songs wie »Every day is Ladies' day« oder »They go wild, simply wild over me« singt, schneit Charlie McGee herein, ein alter Hase, der bislang noch nicht in den Jackpot gegriffen hat. Charlie sieht so aus, als sei er ein wenig zu lange in den Minen und in der Wüste geblieben. Auf jeden Fall hat er in den letzten sechs Monaten, die er schürfend unter der sengenden Sonne verbracht, kein einziges Bad genommen. Und eine ganze Weile scheucht man ihn gemeinsam mit seinem Esel »Goldstaub« quer durch den Saloon. Auch die Mädchen von Miss Lil versuchen ihn zu bewegen, auf der Stelle ein Bad zu nehmen, und wenn es vor den Augen all der Zuschauer geschieht — es muß sein! Dieses komische Intermezzo hält freilich Miss Lil nicht davon ab, ihr Spektakel »The Perils of Little Nell« fortzusetzen, ein Melodram nach dem Geschmack jener Zeit, in dem die unvermeidliche Heldin gefesselt auf den Gleisen einer Bahnlinie liegt. Man buht den Schurken pfeifend aus und applaudiert dem Helden, der kein anderer als Pierre Paradis ist. Das Schlußwort wird den schönen Mädchen überlassen, die die Pioniere in die heißen Freuden eines Tanzes einführen, der fortan im ganzen Westen Furore macht: der »french cancan«. Das ist lustig und nett, aber die über 50jährigen schätzen es vermutlich mehr als die Teenager ... *Der Lucky Nugget Saloon liegt in der Nähe der Central Plaza. Die Vorstellung findet fünfmal am Tag statt und dauert 30 Minuten. Man kann kurz vor der Aufführung einen Imbiß oder eine Mahlzeit bekommen. Reservierungen an Ort und Stelle für den gleichen Tag erforderlich. Wenn Sie nicht rese-*

BESICHTIGUNGEN

Die Kanonen der Galeone von Käpt'n Hook

...iert haben, können Sie dennoch Ihr Glück versuchen, indem Sie sehr früh ...ommen: Es gibt immer einige, die in ...tzter Minute trotz Reservierung ...och nicht erscheinen.

ADVENTURELAND

Dieses Land, das sich an die Main Street anschließt, ist den Forschern aller Schattierungen, den Abenteurern und Schatzsuchern, den Piraten und Schiffbrüchigen gewidmet, all jenen, die auf eine weite Reise gehen – eine echte oder eingebildete. Besondere Beachtung wird Afrika und Arabien zuteil. Freilich nicht den Kontinenten von heute, sondern den von Literatur und Mythen verewigten Ländern, den Territorien aus den großen Forschungsberichten des 19. Jahrhunderts, den Gegenden aus Tausendundeiner Nacht, den unberührten Ländern, in denen sich die Phantasien der Kinder bewegen. Wenn die schmachtenden Gesänge der Ali Baba Street Musicians im Adventureland Bazar oder die karibischen Rhythmen des Blue Lagoon Trios im gleichnamigen Restaurant Ihnen jeden Sinn für die Realität geraubt haben, bringt das kräftige afrikanische Tamtam neben den Épices Enchantées Ihnen Ihren Verstand zurück. Wer ein wenig länger in der Nähe des Schiffs von Käpt'n Hook verweilt, wird vielleicht die Gelegenheit haben, einem heftigen Kampf zwischen den Piraten und Peter Pan beizuwohnen: ein Schaustück der Audio-Animatronics-Technik.

Adventure Isle

Die Insel besteht aus zwei Teilen, die durch drei Brücken miteinander verbunden sind: eine 30 Meter lange Hängebrücke für die Kühnsten, eine schwimmende Brücke aus Fässern, über die man zum Schiffswrack der Robinsons gelangt, und eine Holzbrücke, die ein beschaulicheres Hinübergehen erlaubt. Der nördliche Teil der Insel imitiert die Kulissen der »Schatzinsel«, jenes Films, den Disney 1950 nach dem bekannten Roman von Robert Louis Stevenson drehte. Wasserfälle stürzen in eine tropisch anmutende Vegetation. Es erforderte hier viel Sachkenntnis, Pflanzen auszuwählen, die denen auf tropischen Inseln ähneln, gleichzeitig aber das Pariser Klima aushalten. Im Sommer holt man Bananenstauden und andere tropische Pflanzen aus den Treibhäusern, um die Landschaft zu vervollständigen. Die Granitblöcke hingegen sind vollkommen künstlich. Wenn der Totenkopf-Felsen (Skull Rock) mit seinen zwölf Metern Höhe Sie äußerlich nicht genug beeindruckt, sollten Sie all seine finsteren Höhlen erforschen – aber sehen Sie sich vor! Man sagt, daß dort die Geister von Käpt'n Flint und einigen seiner Leute spuken. In der Cannonball Cove liegt die

Galeone von Käpt'n Hook (Captain Hook's Pirate Ship) vor Anker und lädt Hungrige zu einer köstlichen Pause. Die Insel wird vor allem Kindern zwischen sechs und zwölf Jahren (häufig mehr den Jungs als den Mädchen) gefallen. *Man erreicht Adventure Isle von der benachbarten Insel der Robinsons oder vom Fluß, gegenüber von Pirates of the Caribbean.*

Indiana Jones et le Temple du Péril

Die neueste Attraktion im Adventureland ist der »Tempel der Gefahren« in einer wilden Urwaldlandschaft. Man besucht zunächst ein Ausgrabungslager im Dschungel, in dem Archäologen die Schätze der »Verlorenen Stadt« bergen. Die Mutigen besteigen am Ende einen viersitzigen Grubenwagen, der durch den Dschungel rast – vorbei an vergessenen Gottheiten und Urwaldruinen. Aufregender Schlußpunkt ist ein 360-Grad-Looping. *Zugang hinter Robinsons Hütte beim Explorers Club Restaurant*

La Cabane des Robinson

↯ Südlich der Adventure Isle herrscht die Stimmung des Disney-Films »Die Schweizer Familie Robinson«. Auf dem höchsten Punkt, etwa 30 Meter über dem Wasser, steht die Hütte, die die Robinsons nach ihrem Schiffbruch bauten. Von der Behausung, die in einem enormen Banyanbaum (das Ganze wiegt mehr als 175 Tonnen) errichtet wurde, hat man eine wunderschöne Aussicht auf die Adventure Isle. Den Gipfel erreicht man über eine Wendeltreppe. Der Baum, eine Holz-, Eisen- und Glasfaserkonstruktion, ist vollkommen künstlich. Ma mußte Stück für Stück jedes de 360 000 Blätter und mehr al 19 000 Plastikblüten (made i Hongkong) einzeln an ihm an bringen.

Die Hütte hat mehrere Räume, eingerichtet ganz nach den Geschmack der Familie Robinson. Alles wurde so belassen, al kehrten sie jeden Moment vor einem kleinen Jagdausflug zurück. Im Erdgeschoß befinde sich die Bibliothek mit ein paa Büchern, die beim Schiffbruc gerettet werden konnten, un die Küche. Zwischen den beide Räumen stehen ein paar Fern rohre, durch die man eventuel eintreffende Piraten sehen kan (oder die Gäste des Explorer Club Restaurant beobachtet). I ersten Stock ist das Wohnzim mer der Robinsons im Bambu look mit einer geretteten Dreh orgel, die »The Swiskapolka spielt. In den oberen Etagen lie gen die Zimmer der Eltern un Söhne – ebenfalls ganz aus Bam bus. Ein trickreiches Wasserra versorgt das ganze Gebäude m Wasser. Unter diesem erstaunl chen Banyanbaum bleibt noc der Root Cellar zu entdecker ein labyrinthartiges Gewirr vor Wurzeln, in dem die Vorräte de Familie gelagert werden. Un diese Szenerie zusammenzuste len, mußte man mehr als 800 A cessoires herstellen oder aufstö bern – vom Muschellöffel bi zum 900 Kilogramm schwere Anker mit echtem Muschelbe satz. *Aufgang über mehrere Brücke von der Adventure Isle oder der Küst*

Pirates of the Caribbean

★ Das Geschehen spielt in de Nacht, irgendwo im Meer be

BESICHTIGUNGEN

en Antillen zur Zeit des berühmten schottischen Piraten Käpt'n Kidd, der das Gebiet in der zweiten Hälfte des 17. Jahrhunderts unsicher machte. Die Passagiere steigen in ein ziemlich großes Boot, das zunächst an dem Wrack einer Galeone vorbeifährt, die nunmehr einem Kraken als Schlupfwinkel dient, und überqueren dann den Oberlauf eines Wasserfalls, ehe sie in die unteren Gefilde der Reise vorstoßen. Jetzt befinden sich die Passagiere plötzlich mitten im Geschehen: Ein Fort wird von einer Piratenbande der übelsten Sorte angegriffen. Der Kampf wütet: Kanonenkugeln pfeifen – das Schiff nur um Haaresbreite verfehlend – den unerwünschten Zuschauern um die Ohren. Doch plötzlich bricht ein Feuer aus: Das Waffenlager steht in Flammen. Das Schiff hat gerade noch Zeit abzudrehen, ehe alles explodiert.

Jetzt, in der Grotte, in die das Schiff ruhig einläuft, verstummen die prahlerischen Piraten zu düsteren Skeletten, die ihre unnütz gewordenen Reichtümer bewachen. Diese zuerst 1967 für das Disneyland hergestellte Attraktion funktioniert in Frankreich mit den perfektesten Audio-Animatronics der ganz neuen Generation. *Pirates of the Caribbean befindet sich gegenüber der Adventure Isle, ganz am Ende des Adventureland auf der rechten Seite.*

FANTASYLAND

In diesem Märchenland herrscht fröhliche Stimmung. Alles hier ist lustig, bunt, frisch und schick. Der kleine Bahnhof (Fantasyland Station) ist im viktorianischen Stil, in der Art der Abenteuer Peter Pans ausgestattet. Das Schloß von Dornröschen wirkt wie aus Puderzucker. Derweil macht sich in Alice's Labyrinth die Katze aus Cheshire über ernsthafte Leute lustig, die den Ausgang suchen. Hier und dort trifft man natürlich auch ein paar unheilbringende Hexen, den furchterregenden Stromboli und den alten Käpt'n Hook – aber die Kinder merken genau, daß alles nur ein Spaß ist.

Da sich Walt Disney nun einmal in Europa befand, bot sich endlich die Gelegenheit, all jene europäischen Autoren zu würdigen, die ihn bei seinen Zeichentrickfilmen inspiriert hatten: Charles Perrault natürlich, aber auch Carlo Collodi, Lewis Carroll und James Matthew Barrie.

So schlendert durch dieses Wunderland bisweilen ein Troubadour, der mit seiner Laute die Gäste der Auberge de Cendrillon bezaubert, einige Figuren aus Mary Poppins singen traditionsreiche englische Lieder und Songs aus Filmen wie »Jolly Holiday« oder das berühmte »Supercalifragilisticexpealidocious«.

Merlin und sein Gefährte sind unterdessen auf der Suche nach einem Kind, das über magische Kräfte verfügt, um Excalibur, das Schwert des Königs Artus, dem Felsen zu entreißen. Dieses Kind könnte das Ihre sein!

Demnächst werden im Fantasyland zwei neue Attraktionen eröffnet: der Zirkuszug Le petit Train du Cirque »Casey Junior« und das Märchenland Pays des Contes de Fées, die Szenen aus den Disney-Filmen »Aladdin« und »Die Schöne und das Biest« zum Thema haben werden.

Alice's Curious Labyrinth

🔽 Wege und Umwege muß Alice gehen, wenn sie eines Tages das so nah scheinende Schloß erreichen will. Wenn man das Labyrinth siegreich verlassen möchte, ist das Schloß der Herzkönigin das Ziel, das man erreichen muß. Das Labyrinth besteht aus 2000 Lebensbäumen (Thujapflanzen). Vom Schloßbalkon der Herzkönigin hat man einen schönen Ausblick über Fantasyland. *Das Labyrinth liegt gleich links, wenn man den Bahnhof des Fantasylandes verläßt. Man braucht etwa 30 Minuten, um das Ende all seiner Umwege zu erreichen (wenn man richtig gut ist, nur 20 Minuten).*

Casey Jr., der kleine Zirkuszug (Le Petit Train du Cirque)

Dieser lustige kleine Zug fährt Sie durch die Miniaturlandschaft des Märchenlandes. Er ist nach dem Vorbild des Disney-Films »Dumbo« konstruiert — die kurvenreiche Fahrt ist eine Attraktion für alle Familien mit kleinen Kindern.

Dornröschens Galerie (La Galerie de la Belle au Bois Dormant)

Die neue Galerie im ersten Stock des Dornröschenschlosses ist wirklich märchenhaft. Auf handgewebten Wandteppichen wird die Geschichte von Dornröschen erzählt. Bis zu einem Monat arbeiteten die Weber an einem einzigen Quadratmeter. Außerdem erzählen ebenfalls handgefertigte Glasfenster und mit Blattgold verzierte Märchenbücher Szenen aus Walt Disneys »Dornröschen«-Film. Von der Galerie aus gelangt man auch auf den 🔽 Schloßturm.

Dornröschens Schloß (Le Château de La Belle au Bois Dormant)

🚶 🔽 Die sechzehn grünblauen Türmchen des Schlosses sind von Wetterfahnen und fein vergoldeten, historischen Königsbannern gekrönt. Die Gesamthöhe des Schlosses beträgt 45 Meter. In der Musik werden Sie das Ballett von Tschaikowsky wiedererkennen. Noch beeindruckender ist die Tanière du Dragon (Höhle des Drachens) unter dem Hauptturm. Hier schlummert in Rauch seines Refugiums, in das schwärzliches Wasser sickert, das bewegliche Monster, 27 Meter lang und mehr als drei Tonnen schwer. Es knurrt, grummelt und spuckt Feuer, wie es sich gehört. Gnade dem, der es wagt, seine Träume zu stören. *Der Eingang ist durch den Vorhof des Schlosses, durch den Westflügel, über den Weg, der unter der Zugbrücke durchführt, oder auch durch das Geschäft Merlin l'Enchanteur möglich. Ein Aufzug steht nur Behinderten zur Verfügung.*

Dumbo the Flying Elephant

★ 🚶 Dies ist gewiß die Lieblingsattraktion der jüngsten Kinder, die auch gerne in Kauf nehmen, eine Weile warten zu müssen, ehe sie an Bord eines der 16 hell bunt bemalten Elefanten gen Himmel fliegen. Man muß sagen, daß Dumbo kein Karussell im klassischen Sinn ist, da jeder Passagier dank eines Hebels seinen Elefanten ganz nach Bedarf steigen oder sinken lassen kann. Für Dreijährige ist Dumbo ein beeindruckendes Flugerlebnis. Vermutlich wird mehr als ein Bambino mit den Füßen stampfen, um sich gleich anschließend eine zweite Tour zu ertrotzen. Man muß sich dann aber wieder

BESICHTIGUNGEN

hinten anstellen. Einzige Lösung (geheimzuhalten!): Je ein Elternteil stellt sich im Abstand von 50 Leuten in die Schlange. *Dumbo liegt in der Mitte des Fantasylandes. Auf jedem Gerät haben zwei Personen Platz. Die Fahrt dauert drei Minuten. Dumbo ist für Kleinkinder unter einem Jahr verboten.*

Fantasy Festival Stage

Theater im Theater. »C'est magique« ist ein Musical im Broadway-Stil, das die Gäste auf eine Reise schickt, und zwar ins Innere des Magischen Königreiches: Es gibt kein Entrinnen! Als souveräner Spielleiter führt Micky Maus seine Truppe durch die fünf Länder. Sie werden im Vorbeigehen Goofy als Cowboy sehen, Ahörnchen und Behörnchen als Indianer, Minni als Wirtin des Lucky Nugget Saloon und so weiter und so fort ... Insgesamt mehr als 100 Gestalten lassen Disneys Träume und Phantasien zum Leben auferstehen. *Fantasy Festival Stage befindet sich neben dem Bahnhof von Fantasyland, hinter Alice's Labyrinth. Die Vorstellung, die speziell für Kinder ist, dauert eine halbe Stunde und beginnt fünfmal am Tag, wenn das Wetter es zuläßt. Keine Reservierung. Informationen im Veranstaltungsprogramm*

It's a Small World

Diese Vorstellung mit beweglichen Puppen, die die Nationaltrachten ihrer Länder tragen, ist eine Hymne auf die Kinder der Welt. Die Melodie, die alle kennen, ist das Werk von Richard und Robert Sherman, die auch die Musik zu »Mary Poppins« und einigen anderen Disney-Filmen schrieben. Man steigt in ein Bötchen, das leise über einen türkisfarbenen Fluß gleitet und dabei durch die bekanntesten Länder der ganzen Welt fährt: Man sieht den Eiffelturm mit den kleinen Pariserinnen, die Cancan tanzen, Venedig und seine Gondolieri, Kleopatra am Nil, Hawaii mit seinen Surfern und vieles mehr. *It's a Small World liegt am Ende von Fantasyland, rechts von Alice's Labyrinth. Der Ausflug dauert acht Minuten.*

Lancelots Karussell (Le Carrousel de Lancelot)

Mit bestickten Umhängen wie für einen fürstlichen Wettkampf geschmückt, drehen und erheben sich 86 Pferde in dieser Manege, die eine der größten der Welt ist. An sich handelt es sich nicht um ein Karussell im eigentlichen Sinne, denn die Pferde können alle den Boden verlassen. Um die 17 Hauptverzierungen dieser Attraktion herzustellen, waren drei Handwerksmeister notwendig, die fähig waren, mit Linden- oder Pappelholz zu modellieren. Jedes einzelne wiegt 115 Kilogramm und erforderte fast einen Monat Arbeit. Die übrigen Pferde kommen aus den Vereinigten Staaten. Als Fries erinnern die Medaillons an die reiterischen Heldentaten von Lancelot vom See. *Lancelots Karussell befindet sich genau hinter dem Schloß.*

Les Pirouettes du Vieux Moulin

Dieses Riesenrad besteht aus acht großen Holzbottichen, in denen jeweils fünf Personen Platz haben. Wenn man in seinem Zuber gerade oben ist, hat man aus zwölf Metern Höhe einen schönen Blick über Fantasyland und den Themenpark. *Direkt neben der Milchbar The Old Mill*

Mad Hatter's Tea Cups

★Mit Tüllen und Henkeln tanzend, zwischen den Zuckerdosen und den jungen Teetassen, die noch Milch trinken, leitet eine gut beschürzte alte Teekanne den Tanz.« Diese Szene ereignet sich auf der Feier der Teekannen, wo der Märzhase herrscht: Wir sind natürlich bei Alice im Wunderland. Hier sind die Autoskooter durch Teetassen ersetzt, die sich um sich selbst drehen. Die Gäste nehmen zu viert in einer Tasse Platz. In der Mitte kann man mit einem Lenkrad die Geschwindigkeit bestimmen. Gnade dem, der schwindlig oder »drehkrank« wird. *In der Mitte von Fantasyland, rechts von Dumbo the Flying Elephant*

Märchenland
(Le Pays des Contes de Fées)

Das 1994 eröffnete Märchenland ist eine Hommage an all die berühmten Figuren der Märchen aus aller Welt. An Bord kleiner Boote können Sie Hänsel und Gretel einen Besuch abstatten oder Andersens kleiner Meerjungfrau. Aber auch Szenen der griechischen Mythologie werden am Berg Olymp dargestellt, und natürlich können Sie auch Aladdin mit seiner Wunderlampe und noch vielen anderen Gestalten begegnen.

Peter Pan's Flight

An Bord kleiner Piratengaleonen entschwebt man mit Peter Pan durch die Nacht in Richtung Niemalsland (Never Land). Peter Pan's Flight, bei dem insgesamt 28 Zeichentrickfiguren mitspielen, wurde mehr von Walt Disneys Film als von J.M. Barries Buch beeinflußt. Wie Pinocchio und Schneewittchen spielt sich auch dieses Spektakel bei Ultraviolettlicht ab. *Links von Dumbo the Flying Elephant, neben dem Toad Hall Restaurant*

Pinocchios Reisen
(Les Voyages de Pinocchio)

Im Theater von Herrn Stromboli scheint Pinocchio völlig glücklich das Lied »I've got no string to hold me down« zu singen. Aber hinter den Kulissen ist die Wirklichkeit weniger hübsch. Stromboli, dieser diabolische Impresario, hält seine Leute streng eingesperrt. Stromboli könnte versuchen, Sie auf die gleiche Weise gefangenzunehmen. Es beginnt eine Reihe von Reisen. Pinocchio fährt auf eine verzauberte Insel, wo man angeblich nichts tut, als sich zu amüsieren, wie die Bösen versichern. Doch in Wirklichkeit werden Kinder dort in Esel verwandelt und in ein Salzbergwerk geschickt. Pinocchio wird noch Monstro, den Walfisch (im Buch von Collodi ist es ein Hai), besiegen müssen, um Gepetto zu befreien, bevor die Blaue Fee, »die geradewegs vom Stern der Wünsche kommt«, die reumütige Marionette mit ihrem Zauberstab berührt und in einen echten kleinen Jungen verwandelt. *Hinter dem Schloß auf der linken Seite, gleich hinter Schneewittchen und den Sieben Zwergen*

Schloßtheater
(Le Théâtre du Château)

★ Auf der Bühne dieses Freilufttheaters gleich neben dem Schloß beginnt Micky, die Geschichte von seinem Zauberbuch zu erzählen. Dann öffnet sich ein Zeichentrickbuch gigan-

BESICHTIGUNGEN

tischen Ausmaßes – ein Meisterwerk, das wir der Phantasie von Jan Pienkowski verdanken, der auch sonst Zeichentrickautor ist, aber normalerweise in klassischeren Dimensionen arbeitet. Jede Doppelseite zeigt ein dreidimensional wirkendes Bild aus den Märchen Perraults. Tänzer und Schauspieler betreten die Bühne. *Die Vorstellung findet weder im Winter noch bei Regen statt. Sonst wird fünfmal täglich 20 Minuten lang gespielt. Keine Reservierungen. Informationen im Veranstaltungsprogramm*

Schneewittchen und die Sieben Zwerge (Blanche-Neige et les Sept Nains)

⚹ In einem kleinen Zug verläßt man das schmucke Haus der Sieben Zwerge und erreicht das Dämmerlicht der Mine, in der Schneewittchens Freunde arbeiten. Vorsicht: Der Wald ist übersät mit Fallen, und die Hexe streunt mit ihren schönen vergifteten Äpfeln herum. Die Zwerge brauchen vielleicht Ihre Hilfe, um sich das Weib vom Hals zu schaffen. Aber die Kleinen können gewiß sein, daß – nach einigen Schreckmomenten – alles gut ausgeht. Ein empfehlenswertes Spektakel für Jungen und Mädchen zwischen sechs und zehn Jahren. *Links, gleich hinter dem Schloß von Dornröschen*

DISCOVERYLAND

Das Land ist voll und ganz den Zukunftsforschern, verrückten Wissenschaftlern, genialen Bastlern, kühnen Sternfahrern und Erfindern eigenartiger Maschinen gewidmet, kurz, den Poeten, die ganz nach ihrer Vorstellung das Universum zu ergründen suchen. Der fremdartige Faun, der im Discoveryland spukt, kommt direkt aus den Science-fiction-Comics, den Zukunftsgeschichten der fünfziger Jahre, aus dem Krieg der Sterne, aus der Weltraumeroberung, aber auch aus den Skizzen Leonardos da Vinci.

Autopia

Autopia ist eine Autoreise durch utopische Landschaften auf den Straßen der Zukunft. Die 125 in Italien hergestellten Rennwagen erinnern an die Science-fiction-Filme der fünfziger Jahre. Ihre Motoren sind benzingetrieben, aber die Höchstgeschwindigkeit ist auf atemberaubende zehn Kilometer pro Stunde begrenzt. *Autopia liegt ganz rechts im Discoveryland. In jedem Wagen fahren zwei Personen. Dauer der Tour: drei bis vier Minuten*

CinéMagique

★ Wenn Sie niemals in einem 3-D-Film (dreidimensional, man muß eine Spezialbrille aufsetzen) gewesen sind, werden Sie nicht enttäuscht sein. Wenn Sie Michael Jackson mögen, ebenfalls nicht. Und noch weniger, wenn Sie intergalaktische Reisen und Comics mögen.

Der Film »Captain EO« wurde unter Mithilfe von George Lucas und Francis Ford Coppola gedreht. Das Drehbuch: Captain EO (Michael Jackson) und sein Gefolge machen sich auf zu einem Streifzug durch die Galaxien, wo sie einen Planeten entdecken, auf dem es keine Farben gibt und eine unheilvolle Königin (Anjelica Huston) regiert, die Herrin der Mächte des Dunkels. *Neben den Star Tours, beim Bahnhof der Euro Disneyland Railroad. Der Saal hat 695 Plätze. Der Film dauert 17 Minuten und läuft nonstop.*

Die Geheimnisse des Nautilus (Les Mystères du Nautilus)
Seit Juli 1994 können Sie diese neue, aufregende Attraktion im Zentrum von Discoveryland erleben. Das berühmte U-Boot von Kapitän Nemo — aus dem Film »20 000 Meilen unterm Meer« nach Jules Verne — wird von einem Leuchtturm am Rand des neu angelegten Sees betreten. Entdecken Sie die geheimnisvolle Unterwasserwelt bei einem Rundgang — und erschrecken Sie nicht, wenn das U-Boot plötzlich Beute eines gigantischen Kraken wird ...

L'Astroport Services Interstellaires
Hier können Sie sich auf eine Reise durch die Galaxie begeben. ROX-N, eine fünfsprachige Audio-Animatronics-Dame, erklärt Ihnen die verschiedenen Computersysteme, die mit Sensorbildschirmen und Spracherkennungsmodulen arbeiten. Im Photomorph z.B. können Sie ein Paßfoto machen lassen, das auf einem riesigen Bildschirm erscheint. Durch Fingerdruck können Sie Ihre Gesichtszüge darauf so verändern, daß Sie dem Anlaß entsprechend wirklich ko(s)misch aussehen. Sie können Ihr intergalaktisches Porträt anschließend auch käuflich erwerben. Außerdem können Sie sich von einem Computer Ihr neues, galaktisches Persönlichkeitsprofil erstellen lassen. Oder Sie nehmen die Dienste der Weltraumflugschule Star Course in Anspruch. Jeweils elf Flugschüler lenken ihren Flugkörper über die Milchstraße. *Am Ausgang von Star Tours, nicht weit von der Discoveryland Station*

Le Visionarium
★ Das Visionarium bildet als riesiges, kreisförmiges Gebäude den Eingang des Discoverylandes. Thema dieser Attraktion sind diverse technische Erfindungen, die das Leben der Menschen verändert haben. Gezeigt werden alle Arten von Flugmaschinen (oder vermeintlich fliegenden) und einige andere geniale Erfindungen. Dann erscheint der Zeitwächter (Timekeeper), ein Automat in einfacher Ausführung — seine Durchsichtigkeit soll ihm eine gewisse »Zeitlosigkeit« geben, erklärten seine Erbauer. Anschließend sind die Besucher aufgefordert, sich um eine erstaunliche Maschine zu versammeln, die die Zeit zurückdreht. Sie sehen einen spektakulären Film mit internationaler Starbesetzung auf einer 360-Grad-Leinwand. Gedreht wurde in Frankreich, England, Italien und Österreich, mit einigen Einstellungen von den Bahamas und sogar aus Moskau. Der Zuschauer glaubt sich auf einer Reise durch Vergangenheit, Gegenwart und Zukunft. Jules Verne (gespielt von Michel Piccoli) ist der Hauptdarsteller, der auf seiner Reise Dinosaurier, Mozart, den Eiffelturm, die Place de la Concorde und vieles andere wiederfindet. *Am Eingang vom Discoveryland, ganz in der Nähe der Central Plaza. Der Film dauert 20 Minuten. 843 Zuschauer passen in den Saal.*

BESICHTIGUNGEN

Orbitron
Ein Karussell mit zwölf kleinen Raumschiffen, die man selbst mitten durch Planeten und Sternbilder steuert, die sich in entgegengesetzter Richtung drehen. Die Umlaufbahnen kreuzen sich und scheinen sich jeden Moment zu berühren. Einem Zusammenstoß entgeht

Futuristische Konstruktionen über dem Festival Disney

man nur durch bestes Augenmaß. Wie in »Dumbo the Flying Elephant« kann der Fahrer seine Rakete nach eigenem Geschmack heben und senken. Im Raumfahrkarussell kann man Discoveryland und das ganze Magische Königreich von oben entdecken. Welch ein Rausch! *Gleich hinter dem Visionarium, zwischen Videopolis und Autopia. Zwei Personen passen in jedes Raumschiff.*

Star Tours
Im Hangar dieser Raumfahrtstation, in dem Roboter am Starspeeder arbeiten, treffen Sie zwei Stars aus dem George-Lucas-Film »Krieg der Sterne«: R2D2 und ZGPO. Dann werden Sie eingeladen, in einem von sechs Raumschiffen (in Wirklichkeit Flugsimulatoren) eine kleine, intergalaktische Spritztour zu unternehmen. Der Pilot, ein spaßiger Roboter namens RX24 (seine Freunde nennen ihn Rex), kündigt Ihnen gleich zu Beginn an, daß dies auch seine erste Reise ins All ist. Nicht sehr beruhigend, zumal die Maschine, Sie merken es gleich, mit ungeheurer Beschleunigungskraft ausgestattet ist und die unangenehme Fähigkeit besitzt, sich um 90 Grad zu drehen. *Diese Attraktion gehört zu den beliebtesten im Park. Die Warteschlangen sind zur Essenszeit kürzer. Vorsicht: Wenn Sie einen empfindlichen Rücken haben oder ein Baby erwarten, ist dieses Spektakel mit Sicherheit nicht zu empfehlen. Kinder unter drei Jahren dürfen nicht hinein. Star Tours liegt beim Bahnhof der Euro Disneyland Railroad.*

Videopolis
Das Hyperion, ein 35 Meter langes Luftschiff, markiert den Eingang von Videopolis. Die Vorstellung selbst erinnert an einen dreidimensionalen Videoclip. Das Drehbuch geizt nicht mit Spezialeffekten: Laser, Rauch und anderen pyrotechnischen Zaubereien. Etwa zwanzig Tänzer entführen die Zuschauer auf eine Reise zu den Sternen und in Unterwasserwelten: Besuch auf dem Mond, Landung auf der Sonne, Abenteuer in den Ozeanen und Rückkehr auf die Erde. Am Ende dürfen die Gäste von ihren Plätzen aufstehen und sich selbst vor der Bühne austoben. Abends verwandelt sich Videopolis zur Tanzfläche. Ein lebhafter Erfolg bei den 15- bis 20jährigen. *Links hinter dem Visionarium. Die Vorstellung dauert 20 Minuten und läuft fünfmal am Tag. Keine Reservierung. Informationen im Veranstaltungsprogramm. Man kann während der Vorstellung einen Imbiß nehmen (bestellt wird im Café Hyperion, links beim Eingang).*

ESSEN & TRINKEN

Wohin gehen wir essen?

Bars, Restaurants und Eiscafés aus allen Ecken der Vereinigten Staaten

In diesem Kapitel behandeln wir zuerst die Restaurants, die sich im Inneren des Themenparks befinden (und die man nur betreten kann, nachdem man bezahlt hat); dann die Hotelrestaurants und schließlich die Restaurants des Festival Disney. Letztere dürften vor allem Paris-Touristen interessieren, die Lust haben, nur eine Stunde von der Hauptstadt entfernt einen amerikanischen Abend zu erleben.

Natürlich sind die 29 Restaurants und Imbißlokale des Themenparks vor allem amerikanisch. Aber Sie werden Gelegenheit haben, festzustellen, daß sich die Überseeküche nicht auf die ewige Kombination »Hamburger mit Fritten, Ketchup und kalter Cola« beschränkt. Die Palette der Menüs ist recht vielseitig. Vom Lucky Nugget Saloon bis zum Last Chance Café wurde jedes Establissement so entworfen, daß sich Feier und Zerstreuung in ihnen fortsetzen. Ausstattung, Kleidung des Personals, die Namen der Gerichte, gastronomische Spezialitäten — alles ist darauf ausgerichtet, die Illusion zu vermitteln, anderswo zu sein in diesem Jahrhundert oder einem vorangegangenen.

Im Explorers Club essen Sie zwischen in den Tropen verschollenen Abenteurern, im Café Hyperion sollten Sie sich den Gesichtsausdruck eines blasierten Astronauten zulegen, im Blue Lagoon träumen Sie unter einem unendlichen Sternenhimmel, während im Cowboy Cookout Barbecue Ihr Stetson und Ihre Westernstiefel auf jeden Fall angebracht sind. Man ist hier, um sich zu stärken, aber auch, um sich zu amüsieren. Außerdem werden Sie, wenn Sie genau darauf achten, feststellen, daß Sie nichts von alldem zu sich nehmen, was Sie normalerweise essen. Die Chefköche des Parks haben mehr als tausend Rezepte entwickelt. In der Auswahl: *Sandwich Pastrami*, das in New York die Stelle des hiesigen Schinkenbrots einnimmt, geräucherte Hähnchen auf Cowboy-Art, *Sundaes* (eine phantastische Komposition aus Eis, Früch-

Essen und Trinken: Für jeden Geschmack ist etwas dabei

ten und Süßem), das sich die kleinen Mädchen im Mittleren Westen schmecken lassen, köstliche T-Bone-Steaks vom Holzkohlenfeuer oder gut gewürzte *Fajitas* aus der texanisch-mexikanischen Küche ... Es gibt etwas für jeden Geschmack, jeden Appetit und jeden Geldbeutel. Je nachdem, ob es ein »Sandwich-Dessert-Getränk« auf dem Imbißtablett oder eine am Tisch servierte Mahlzeit in einem der sieben À-la-carte-Restaurants sein soll, kann sich natürlich die Rechnung schnell vervierfachen.

In den Selbstbedienungsrestaurants gibt es Menüs für 40 bis 60 FF (Kinder 28 FF), in den À-la-carte-Restaurants fangen die Menüpreise bei 170 FF an.

Alkoholische Getränke gibt es – außer in den Lokalen von Festival Disney – nur in vier Restaurants: Walt's, Auberge de Cendrillon, Silver Spur Steakhouse und Blue Lagoon Restaurant. Walt Disney wünschte sich sein Magisches Königreich als Hort familiärer Freuden und moralisch sauberer Vergnügungen. Aber ein paar Zugeständnisse an europäische Gewohnheiten hat man doch gemacht...

Ein Restaurant im Themenpark bietet ein wirkliches Erlebnis-Abendessen: der Lucky Nugget Saloon. Aber mit Musikbe

MARCO POLO TIPS FÜR RESTAURANTS

1 Blue Lagoon Restaurant
Mondschein wie im Theater in tropischem Ambiente (Seite 46)

2 Cable Car Bake Shop
Wenn die Erdbeben von San Francisco Sie durcheinandergebracht haben, erholen Sie sich hier bei gutem Kuchen (Seite 49)

3 Café de la Brousse
Pfefferminztee mit Blick auf Adventure Isle (Seite 50)

4 Café des Visionnaires
Der Parade zusehen, ohne sich aus dem Sessel zu erheben (Seite 48)

5 Casey's Corner
Für die echten Anhänger von Baseball, Cola und Hot dogs (Seite 48)

6 Explorers Club Restaurant
Bei einem Kokosdrink über die nächste Reise nach Borneo sinnieren (Seite 46)

7 The Lucky Nugget Saloon
Tolles Spektakel und Steaks wie im Wilden Westen (Seite 47)

8 Market House Deli
Wenn man seine Sehnsucht nach New York ausleben will (Seite 49)

9 Silver Spur Steakhouse
Besonders für fleischliebende Gentlemen (Seite 46)

10 Walt's – an American Restaurant
Eine Disney-Wallfahrt, schick – aber ohne Champagner (Seite 47)

ESSEN & TRINKEN

leitung können Sie in verschiedenen Lokalen zu Mittag oder zu Abend essen. Auf dem Programm: Ragtime in Casey's Corner, Country-music im Cowboy Cookout Barbecue, Mariachi im Fuente del Oro, Rumtata im Chalet de la Marionnette. Wenn Sie die Auberge de Cendrillon wählen, genießen Sie den Vorzug einer romantischen Dekoration und eines Ambiente wie in einem Märchen – garantiert ein Erfolg bei kleinen Mädchen!

Besonders erwähnt werden muß noch das Büffet des Plaza Gardens, das in der Saison während des ganzen Vormittags einen echten Brunch bereithält: im Munde zergehende Brioches mit Zucker und Rosinen, Törtchen, French Toasts, Pfannkuchen, verschiedene Brotsorten, Honig, Konfitüre, Eier – pochiert, als Spiegelei oder Omelett, mit Würstchen oder Bacon. Kurz – eine richtige Mahlzeit, die erlaubt, das Mittagessen zu überspringen und diese Zeit für die sonst überlaufenen Attraktionen zu nutzen. Gut zu wissen: fast alle Restaurants haben auch leichte Kost oder Gerichte mit wenig Fett (*low-fat*). Die Restaurants in den Hotels und im Festival Disney locken überdies mit folgendem Angebot: Für jede Erwachsenenmahlzeit, die zwischen 12 und 15 Uhr oder zwischen 17 und 18.30 Uhr verzehrt wird, ißt ein Kind unter zwölf Jahren gratis. Wenn Sie einen Geburtstag feiern möchten, können Sie natürlich eine entsprechende Torte bestellen: Wenden Sie sich einige Stunden im voraus an das Restaurant oder an die City Hall Tel. 64 74 30 00).

À-LA-CARTE-RESTAURANTS

In all diesen Restaurants wird am Tisch bedient. Sie bestellen Vorspeise, Hauptgericht und eventuell ein Dessert sowie die Getränke. Die kleinen Brötchen mit der handgerührten Butter gleich zu Beginn gibt es umsonst – damit die knurrenden Mägen sich beruhigen. Alle Restaurants, in denen am Tisch bedient wird, nehmen Reservierungen an. Denken Sie schon zu Beginn Ihres Rundgangs durch den Park daran. Sonst können Sie darauf spekulieren, daß es vor 12 Uhr und nach 14.30 Uhr leerer ist. Mahlzeiten werden den ganzen Tag über serviert.

Auberge de Cendrillon

In ihrer romantischen Herberge erinnert *Cendrillon* (Aschenputtel) mit alten Rezepten vom Lande an einst: Hahn im Topf, Beinschinken in Cidre (Apfelwein) geschmort, aber auch Crêpes mit Kerbel (Dessert) und Heidelbeercreme. Im Winter serviert man Ihnen eine Zwiebelsuppe, die im Sommer von einem ländlichen Salat ersetzt wird. Oder die Kellner in Kleidung aus alten Zeiten bringen Ihnen eine Fleischpastete. Als Dessert dürfte der »Soulier de Cendrillon« (Aschenputtels Schuh) – ein Schokoladengebäck mit Creme und Fruchtpüree – angebracht sein. Eigens in Aubusson angefertigte Wandbehänge, ein warmer Kamin und feines Porzellan machen dieses Restaurant zu einem der elegantesten des Parks. Für private Feierlichkeiten können Sie ein geröstetes Spanferkel bestellen. *Fantasyland, rechts hinter dem Schloß, Menü 160 FF*

Blue Lagoon Restaurant

★ Wasserfälle, Palmen, weiße Sandstrände, ein funkelnder Mond in einer sternenerleuchteten tropischen Nacht – das Blue Lagoon versetzt Sie an irgendeine Küste der Karibik. Die Temperatur ist immer hübsch warm (25 Grad). Wenn nicht gerade das Blue Lagoon Trio seine brasilianischen oder Calypso-Rhythmen spielt, läßt man sich einfach von karibischen Klängen, vom Meeresrauschen und dem Zirpen nächtlicher Insekten (von denen mit Sicherheit kein einziges im Raum ist) verwöhnen. Von seinem Platz aus sieht man die Schiffe der Attraktion Pirates of the Caribbean vorbeiziehen. Schwertfisch, *Red Snapper* (eine exotische Variante der Goldbrasse) und andere Fische werden je nach Wunsch gegrillt, gebraten oder gedünstet. Man kann auch die »crevettes-tigres« (Riesengarnelen), ein Curryhuhn mit Krabben oder ein mariniertes und gegrilltes Rinderfilet probieren. Als Vorspeise wird Ihnen ein Calypso-Teller serviert: geräucherter Fisch und marinierte Algen. Zum Dessert: Jamaika-Nougat oder *île flottante* (schwimmende Insel), gezuckerte »Inseln« aus Eischnee auf Mangopüree. *Adventureland, neben dem Geschäft »Le Coffre du Capitaine«; Eingang durch Pirates of the Caribbean; Menü 150 FF*

Explorers Club Restaurant

★ Eingelullt vom Gesang exotischer Vögel, unterhalten von den lustigen Geschichten eines alten Haudegens und verwöhnt von lukullischen und exotischen Menüverheißungen aus der ganzen Welt, vergessen Sie hier auf einen Schlag, daß Sie in der Gegend von Paris sind. *Adventureland, hinter Robinsons Hütte. Nu in der Saison durchgehend geöffnet*

Plaza Gardens: Essen wie im 19. Jh

Plaza Gardens Restaurant

Gaslaternen, Marmorstatuen, ro sa- und bordeauxfarbene Wand behänge – die Gestaltung diese eleganten Büffetrestaurants in viktorianischen Stil befördert Si direkt ins 19. Jh. Große Auswah an kalten und warmen Gerich ten (Caesar's Salad, gedünstete Lachs, Krabbenkuchen aus Ma ryland), eine riesige Auswahl a Grillgerichten, Lawinen vo Desserts wie der Louisiana-Ku chen aus schwarzer Schokolad oder der *carrot cake* (Gewürzku chen mit Karotten), kurz: ein ausgesprochen schlechte Adres se, um eine Diät zu beginnen. *V 11 Uhr Brunch. Main Street, rech vor der Central Plaza*

Silver Spur Steakhouse

★ Westernambiente wie i Lucky Nugget, aber in eine »männlicheren« Version: dunk les Holzdesign, Ledersessel un Grillspezialitäten vom Holzfe er. Sie kosten die *Buffalo chicke wings* (Hähnchenflügel in Barbe

ESSEN & TRINKEN

ue-Sauce), dann kalifornische
pezialitäten, die Sie auf keinen
all versäumen dürfen. Aber das
ilver Spur ist vor allem der
empel echter Fleischliebhaber:
rime rib (Teil eines Rinderkote-
etts) in zwei Größen, T-Bone-
teak von 400 g, Schweine-
teaks (320 g) etc. Für Lecker-
äuler: *cheesecake, brownie* (Scho-
oladenkuchen) oder *pecan pie*
eine Torte mit Pekannüssen).
*rontierland, in der Nähe des Phan-
om Manor*

he Lucky Nugget Saloon
★ In diesem leuchtenden Sa-
on im Stil der Lokale in Virgi-
ia City (Nevada) oder der Eta-
lissements der Barbary Coast
n San Francisco, wo die Pionie-
e in einer Nacht das Gold ver-
chwendeten, für das sie Monate
earbeitet hatten, bewirtet man
ie mit allen Köstlichkeiten des
Vestens: kalte *Prime Ribs* auf
oast, Grillhühnchen, Chili con
arne und zum Abschluß *Apple
Cobbler*, ein Nachtisch aus Äp-
eln in salzigem Teig, oder fri-
cher Fruchtsalat. Just wenn Sie
hre Mahlzeit beendet haben,
eginnt ein dröhnendes Spekta-
el. *Frontierland, in der Nähe von
er Central Plaza. Die Vorstellung ist
msonst. Bezahlt werden Getränke
nd das Menü (90 FF)*

Valt's – an American Restaurant
★ Dies ist unbestreitbar das
hickste Restaurant des Parks.
in antiker Aufzug ganz aus
upfer und Kolben (eine gute
mitation) befördert die Gäste
n die erste Etage. Originale von
kizzen, Modelle und verklei-
erte Figuren – die Wände er-
ählen das Leben Disneys. Die
arte ist eine Rundreise durch
die amerikanische Gastronomie: *crabcake* (Krabbenkuchen
aus Maryland), Kalb Oscar, grüne Zitronentorte von der Küste … Die Chefs haben diese
Spezialitäten um ein paar eigene
Kreationen ergänzt, etwa den
Lammbraten mit Ziegenkäse
oder den gegrillten Lachs in Oli-
ven- und Tomatencreme. Als
Vorspeise: ein schöner Salat
»Walt's« (grüner Salat, Orangen-
scheiben, Krabben, Pekannüsse,
Croûtons). Ein kleiner Lecker-
bissen: das Missouri-Brot, warm
und mit Rosinen karamelisiert
serviert. *Main Street, linke Seite,
Menü ab 145 FF*

PIZZA

Café Hyperion
Futuristische Einrichtung (Jules
Vernes Luftschiff, Spielautoma-
ten und ständige Videoberiese-
lung direkt aus Videopolis) für
einen Snack zwischendurch: Pizzen natürlich, aber auch Hamburger, Nudeln, Salate, Sandwiches
und Fleisch. *Discoveryland, Eingang durch Videopolis, Menü 40 FF*

Pizzeria Bella Notte
★ Ein weitläufiges Restaurant, wo
Sie italienische Pizzen mit dem
Belag Ihrer Wahl aus ganz dün-
nem Teig bekommen. Spaghetti
mit jeder Art von Sauce und na-
türlich Lasagne. Für Eingeweih-
te: Tiramisu zum Nachtisch. Für
Kinder empfehlen wir die »Pizza
Micky«. *Fantasyland, nicht sehr weit
von It's a Small World, Pizza ab 28 FF,
Menü 49 FF*

SNACKS / IMBISS

All diese Lokale sind Selbstbedienungsrestaurants. Sie bieten

Snacks, aber auch vollständige Mahlzeiten zu moderaten Preisen.

Au Chalet de la Marionnette
Grillhähnchen, Grillwürstchen und Hamburger werden rund um einen Kamin in Gesellschaft von Pinocchio und seinen Freunden verzehrt. Österreichisches Naschwerk, Apfelstrudel, Schwarzwälder Torte. *Fantasyland, in der Nähe von Les Voyages de Pinocchio (Pinocchios Reisen)*

Aux Épices Enchantées
Hier erinnert das rustikale Safari-Ambiente an »Tim und Struppi im Kongo«. Man kann drinnen oder auf der Veranda mit Blick auf Adventure Isle sitzen. Auf der Karte: Currylamm, Kenia-Salat mit Pili-Pili-Sauce und exotische Süßspeisen. *Adventureland, links hinter dem Bazar, gegenüber der Cabane des Robinson (Robinsons Hütte)*

Café des Visionnaires
★ Dieser Speisesaal auf dem Wasser ist zeitgenössisch eingerichtet. Ein Paradies für Freunde von Couscous und üppiger Pael-

Tiroler Atmosphäre im Chalet de la Marionnette

la. Das Café des Visionnaires hält für jene, die regelmäßig ihr Gewicht kontrollieren, große Salate mit Krabben und Hühnchen bereit. *Discoveryland, Eingang hinter Le Visionarium*

Captain Hook's Galley
Auf dieser Galeone, die ihren Anker vor den Küsten der Adventure Isle geworfen hat, stürzen sich die Turnschuhpiraten auf ein Sandwich mit Käse und Schinken oder knacken Macaroons (Makronen ohne Sahne oder »oreilles d'éléphant« (Elefantenohren – in unseren Breiten heißen sie eher Schweinsohren).

Casey's Corner
★ Hier geht man eher hin, um die Heldenjahre des Baseball zu feiern, als um gut zu essen. Dennoch haben Sie die Wahl zwischen einem Chili con carne und drei Sorten Hot dog, die Sie mit Coca-Cola hinunterspülen können. An den Wänden zeigen Fotos aus ruhmreichen Zeiten die Champions von einst (Honus Wagner, Wee Willie Keeler ...) und berühmte Mannschaften (die Brooklyn Dodgers, die Boston Braves, die Chicago White Sox ...). Die Kellner servieren natürlich in der Kluft der Baseballspieler der Jahrhundertwende, während der Pianist »Take me to the ball game« spielt. Suchen Sie erst gar nicht nach Casey in einem Sportlexikon: Er ist eine mythische Figur, die Ernest L. Thayer 1888 mit seinem Gedicht »Casey at the Bat« geschaffen hat. *Main Street, linke Seite*

Cowboy Cookout Barbecue
Ranch mit Planwagen wie in den Western, wo ausgehungerte Cowboys halten, um *Spare Ribs* oder an Ort und Stelle geräucherte

ESSEN & TRINKEN

Das beeindruckende Restaurant Captain Hook's Galley

e Hähnchen zu vertilgen. Man ann aber auch einen schlichten Hamburger in der »topping bar« ssen. Charmanter Clou: die Country-music. *Frontierland, auf er Seite des Bahnhofs (Frontierland Depot), Menü 40 FF*

uente del Oro Restaurante

Zu Mariachi-Klängen genießt nan eine *Fajita*, wie sie in der Nähe der mexikanischen Grenze zubereitet wird, mit *Guamole*, *Tortillas*, *Chili con carne* oder einfachen *Tacos*. *Frontierland, in der Nähe des Schießstandes Rustler Roundup Shootin' Gallery*

ast Chance Café

in kleines Westernrestaurant ür Stadtcowboys. Sie können inen Salat »Pueblo« mit Schinen essen oder ein warmes Beefandwich mit Pommes frites. Als Dessert ein Muß: Schoko-Vanile-Sundae. *Frontierland, bei der Central Plaza*

Market House Deli

★ Sandwiches wie in New York mit Zutaten, die die Küche mitteleuropäischer Juden ausmachen: *Pastrami*, große Gewürzgurken, Käse … Zum Abschluß gibt's *Cheesecake* im New Yorker Stil. *Main Street*

Toad Hall Restaurant

⚑ Warme Sandwiches mit Roastbeef, Fish and Chips (panierter Fisch mit Pommes frites) und Trifle (Tortenbiskuit mit Sahne und Früchten) erwarten Sie in diesem englischen Herrenhaus. Über dem Kamin beobachtet das sich verändernde Porträt von Mr. Toad, wie die Kinder sich den Mund lecken. Man kann auch draußen sitzen und die Blicke über Fantasy Festival Stage schweifen lassen. *Fantasyland, hinter Peter Pan's Flight*

Victoria's Home-Style Cooking

Familienrezepte vom Ende des 19. Jahrhunderts: *flaky pot pies* (Blätterteigpasteten) mit Hühnchen oder Gemüse, warme Apfeltorte mit Makronen. Je nach Wetter kann man draußen in der Sonne oder drinnen am Kamin sitzen. *Main Street, auf der rechten Seite, in der Nähe des Kindergartens (Salons Bébés)*

TEESTUBEN UND CAFÉS

In diesen Lokalen können Sie eine einfache Erfrischung bestellen oder ein heißes Getränk, ein Stück Kuchen oder eine mächtige Sahnetorte essen.

In die lange Liste der »lukullischen Schnellversorgung« gehören auch die Imbißwagen (*Chariots Gourmands*), die an diversen Stellen im Park aufkreuzen. Dort bekommen Sie jede Art von Eis, aber auch Popcorn, *bagels*, Würstchen, Brezeln, Krapfen und sogar geschmortes Gemüse im asiatischen Stil. Wenn man wieder zu Kräften kommen will, ohne eine Minute zu verlieren.

Cable Car Bake Shop

★ Hier herrschen die gemütlichen Temperaturen einer kalifornischen Bäckerei mit vielen frischgebackenen Kuchen: *Brownies* (Schokoladenkuchen mit Nüssen), Zitronenauflauf, *Cheesecakes* (Käsekuchen), Heidelbeerkuchen, *Pecan Pie, Carrot Cake*, Schwarzwälder Torte und sogar ein *Sequoia Cake* (weihnachtlicher Biskuitkuchen mit Schokolade). Die Dekoration: Trolleybusse und ein »Mutoscope« – ein Gerät, durch das man einen Kurzfilm über das Erdbeben in San Francisco von 1906 sehen kann. *Main Street*

Café de la Brousse

★ Minztee oder frischer Fruchtsaft in einer Hütte im afrikanischen Stil, in der man just gegenüber der Robinson-Behausung ein bißchen träumen kann. Hot dogs, Kokoseis und orientali-

Durstlöschende Pause im Euro Disneyland

sches Gebäck. *Adventureland, südlich der Adventure Isle*

Cookie Kitchen

★ Die Kuchen werden vor Ihren Augen gebacken. Spezialität sind die »Cookies« mit Schokoladenstreuseln, Erdnußbutter Pekannüssen oder Orangengeschmack. *Main Street*

Fantasia Gelati

★ Hier bekommen Sie verschiedene italienische Eisspezialitäten ganz nach Wunsch in der Waffel (*cone*) oder im Becher. *Fantasyland*

March Hare Refreshments

Mit dem Segen des Hasen aus Alice im Wunderland stellen Sie sich selbst Ihren Nicht-Geburtstagskuchen zusammen (vorrätig an 364 Tagen im Jahr). *Fantasyland, in Alice's Curious Labyrinth*

The Coffee Grinder

Verschiedene Sorten und Mischungen frisch gemahlenen Kaffees. Es gibt aber auch Tee und einige Kuchensorten. *Main Street*

The Gibson Girl Ice Cream Parlour

Eisgeschäft vom Beginn des Jahrhunderts für echte Gourmets Bananensplit, Milk-Shakes, Sundaes unter Bergen von Sahne Ein volles Programm! *Main Street*

The Old Mill

★ Inspiriert durch den gleichnamigen Disney-Film hat sich diese holländische Windmühle ganz auf Milchprodukte spezialisiert: Eisjoghurt, Trinkjoghurt die nach Wunsch mit geraspelten Nüssen, Pistazien oder Schokoladenstreuseln verfeinert werden können, etc. *Fantasyland, zw*

ESSEN & TRINKEN

...chen Alice's Curious Labyrinth und ...t's a Small World

HOTEL-RESTAURANTS

...nsgesamt verfügen die Hotels ...m Euro Disney Resort über ein ...utzend Restaurants, die vom ...ehr luxuriösen Etablissement, ...n dem Jackett und möglichst Krawatte erwünscht sind, bis zur ...leinen, familiären »Herberge« ...it bescheidenen gastronomi...chen Ansprüchen gehen. Die ...reise für eine Mahlzeit bewe...en sich zwischen 90 und ...50 FF. Fast überall läßt die Weinkarte die Wahl zwischen ...ranzösischen und amerikani...chen Weinanbaugebieten, die Weine werden meist auch offen ...im Glas) angeboten. Zu den Re...taurants, die es wirklich wert ...ind, eigens zum Abendessen ...ufgesucht zu werden, gehören ...er California Grill, um die ...Nouvelle Cuisine« der Westkü...te zu kosten, der Manhattan ...azz Club — wegen seiner elegan...en Tanz-Dinner-Atmosphäre ...m Stil Harlems der dreißiger ...ahre —, der Yacht Club für ...reunde von Muscheln und Meeresfrüchten und das Chuck Wagon Cafe, um den Kindern ...ie Lieblingsgerichte des Wil...en Westens zu zeigen.

Disneyland Hotel

Dieses Märchenhotel gleich am Eingang des Themenparks hat ...wei Restaurants: Inventions ...nd California Grill.

Inventions

Hier finden an einigen Vormitta...en von 7 bis 10 Uhr die *Charac...er Breakfasts* statt: reichhaltige Büffets mit Zimttörtchen, Rosi...nenbrötchen, *Pancakes*, die in Ahornsirup oder Kirschkonfitüre gestippt werden, Eiern in jeder nur möglichen Form, Müsli und vielem mehr. Aber vor allem mit dem Clou dieser märchenhaften Frühstücke: Mit dabei sind die Disney-Figuren. Pluto herzt die Großmutter, das bewundernswerte Ahörnchen (wenn es nicht doch Behörnchen ist) nimmt den Jüngsten in die Arme, und Donald verteilt Autogramme. Vergessen Sie nicht Ihren Fotoapparat (mit Blitz)!

Ab mittags zieren die Büffets diverse amerikanische Spezialitäten (warm oder kalt). Darunter so originelle Sachen wie warmer Räucherlachs, Corned-beef-Eintopf oder *Steam Ship*, eine Rinderhaxe von 35 Kilogramm (mit Knochen), die im Laufe von sechs Stunden im Ofen gegart wird. *Tgl. 7–23 Uhr, Mittagessen 170 FF, Abendessen 220 FF*

Pauschalpreis des Character Breakfast: 140 FF für Erwachsene und Kinder ab 11 Jahren, 95 FF für die Jüngeren. Wenn Sie dabeisein möchten, sollten Sie reservieren, zum Beispiel am Vorabend.

California Grill

In gepflegtem Rahmen kosten Sie diverse für die zeitgenössische kalifornische Gastronomie repräsentative Gerichte — mit viel Phantasie und der Betonung auf natürlichen Geschmacksrichtungen. Die Küche ist gesund und leicht, frische Produkte (viel Fisch und Krabben), freie und daher oft überraschende Kreationen, die aber nicht affektiert sind: geschmorte Garnelen mit Shiitake (einer japanischen Pilzart) und Perlgraupen, geräucherter Lachs mit Ahornsirup. Der Weinkeller bietet vor allem Weine aus Übersee. Als Aperitif könnte man einen Kir Yankee (Himbeerlikör mit Sekt vom Château Sainte-Michelle) kosten. Das Restaurant hat einen Nebenraum für private Veranstaltungen. *Tgl. 12–15 und 18 bis 24 Uhr, Mittagessen 300 FF, Abendessen ab 320 FF*

Hotel Cheyenne
Dieses Wild-West-Hotel hat ein »richtiges« Restaurant und einen »Saloon«, in dem einfache Gerichte für den kleinen Hunger bestellt werden können.

Chuck Wagon Cafe
Verschiedene Stände bieten eine Auswahl asiatischer Gerichte und Speisen des Wilden Westens. Den chinesischen Einfluß entdecken Sie beim *Stir Fry* vom Schwein (mariniert und gedünstet mit grünen Zwiebeln, Paprika und orientalischen Pilzen) und beim Knoblauch und Ingwer gedünsteten Gemüse auf chinesischen Nudeln. Außerdem bekommen Sie Grillfleisch, warmen Kartoffelsalat, Schweinefilet mit rotem Pfeffer und schwarzen Bohnen, würzigen Gamba-Salat, geräucherte Forelle mit Meerrettich, glasierte Bratäpfel etc. Probieren Sie die *Beef Brickets*: Unter ihrer wenig reizvollen, schwarzen Kruste (sie werden einen ganzen Tag über dem Feuer geröstet) ist das Fleisch zartrosa, saftig und würzig. Und nehmen Sie einen Drink an der Bar, schon um die Barhocker zu erleben: echte Pferdesättel! *Tgl. 7–10 und 18 – 23 Uhr, an Wochenenden auch 12–15 Uhr; Mittagessen und Abendessen je 100 FF*

Red Garter Saloon
Dieser Saloon eignet sich phantastisch, um eine Tortilla mit Chil und Avocados und kleine Schweinehäppchen zu knabbern oder eine Portion »Texas-Kaviar« (schwarze Bohnen) oder, noch besser, eine würzige Suppe mi roten Bohnen zu essen. Krönen der Abschluß des Mahls is eine enorme »Versuchung de Teufels« aus Schokolade (*Mil High Chocolate Devil's Food Cake* oder ein köstlich gefülltes Bis kuittörtchen (*Kansas Cream Pie*) *Tgl. 11–1 Uhr*

Hotel New York
Auch dieses Hotel verfügt übe zwei Restaurants: den Manhat tan Jazz Club und das Parksid Diner.

Manhattan Jazz Club
In diesem eleganten Restauran im Stil der dreißiger Jahre spiel ein Orchester für die Abendgäst zum Tanz auf edlen Parkettbö den auf. Hier fühlt sich Großpap für einen Moment um 60 Jahr zurückversetzt in den legendä ren Harlemer Cotton Club. Au der Karte: Meeresfrüchteplatter Gänseleberpastete, Rockefelle Oysters (Austern auf Spinat, de zent überbacken), Humme Thermidor, Kalb Oscar (mi Krabbenfleisch und Spargel), Eis bomben ... und natürlich Cham pagner! Nach 23 Uhr kann ma zum Souper ein einfaches norwe gisches Omelett probieren ode – absoluter In-Tip – eine gebak kene Kartoffel, gefüllt mit zwe Kaviarsorten. Morgens ab 7 Uh begrüßen Disney-Figuren di Frühaufsteher beim Frühstück Dies ist das einzige Restaurant in Euro Disney Resort, in dem Kra

ESSEN & TRINKEN

Nach den Abenteuern im U-Boot »Nautilus« tut eine Stärkung gut

vatte und Jackett für Männer obligatorisch sind. Wenn Sie keine Krawatte dabeihaben, können Sie in der Garderobe auch eine ausleihen. *Tgl. Character Breakfast 7–10 Uhr, Abendessen 18–23 Uhr, Souper 23–1 Uhr; Abendessen 450 FF, Souper 300 bis 350 FF*

Parkside Diner
Wie auch im Manhattan Jazz Club wird hier der amerikanischen Mode der dreißiger Jahre gehuldigt, jedoch in einer farbenfroheren und revueartigeren Version, die der Architekt Michael Graves kreiert hat. Die Küche ist etwas einfacher als im Manhattan Jazz Club und die Atmosphäre entspannter. Aus der Karte: Kartoffelchips nach Art des Hauses, Reuben-Sandwich, Kalbspastete. Eine Dessertspezialität: die Süßspeise aus weißer Schokolade und Banane. *Tgl. 7–23 Uhr; Mittagessen 150 FF, Abendessen 220 FF*

Hotel Santa Fe
Wie das Hotel Cheyenne hat auch das Santa Fe ein Restaurant, La Cantina, und eine Bar, die Rio Grande Bar, in der man auch einen Imbiß in stimmungsvoller Atmosphäre bekommt.

La Cantina
Mit seinen antiken Zapfsäulen und Pumpen und den aufgeputzten alten Lastwagen (die als Stände dienen) vermittelt dieses Restaurant die Stimmung eines kleinen Marktplatzes in Neumexiko. Man stellt sich seine Mahlzeit zusammen, indem man typische Gerichte des Südwestens aus diversen Töpfen kombiniert. Eine Maschine stellt mit *Masa* (Maisteig) *Navajo-Tortillas* her, die man mit *Guacamole* (Avocadopüree) und anderen Zutaten würzt. Ebenfalls empfehlenswert: Hühnersalat mit Orangenstreifen, Jakobsmuschelsalat und warme Sandwiches. *Tgl. 7–10 und 18–23 Uhr, samstags und sonntags auch 12*

bis 15 Uhr; Mittagessen und Abendessen 100 FF

Rio Grande Bar
Zu Sangria und mexikanischen Biersorten (Corona oder Dos Equis Amber) werden gewürzte Hähnchenflügel, Gemüseteller mit gegrilltem Ziegenkäse, Mais-Chips mit *Guacamole* oder ein Sandwich Veracruz, gefolgt von Kokosschnitten oder einem Sombrero (Kaffeelikör mit Sahne), gereicht. Olé! *Tgl. 11–1 Uhr; Mittagessen und Abendessen 100 FF*

Newport Bay Club
In den beiden Restaurants dieses Hotels mit dem Charme der Atlantikküste entdeckt man verschiedene Spezialitäten aus Neuengland.

Cape Cod
Frische Produkte vom Lande und aus dem Meer werden in einem familiären und natürlichen Rahmen präsentiert. Im Angebot: Salat mit warmem Spinat und Hühnerbrust (sehr kalorienarm), Schwertfisch vom Grill mit Rosmarin, frische Nudeln, gegrillte Gemüsepizzen, Kabeljau mit Kapern und Kartoffeln, Gorgonzolastrudel, Apfelgratin mit Ahornsirup, Tiramisu. Wenn einige Gerichte einen mediterranen Touch haben, liegt das daran, daß sich viele italienische und portugiesische Fischer in der Umgebung von Boston an den Küsten ansiedelten. Das »Kabeljau-Kap« (so die Übersetzung von Cape Cod) ist nicht nur bekannt wegen seines Seebad-Charmes, sondern auch für seine lebhaften Fischereihäfen. *Tgl. 7–23 Uhr; Mittagessen 100 FF, Abendessen 175 FF*

Yacht Club
Die Einrichtung dieses Lokals, das an alte, mit Mahagoni verkleidete Yachten erinnert, kann es ohne weiteres mit den schicksten Restaurants von Rhode Island in Neuengland aufnehmen. Hier hat man eine erklärte Vorliebe für Krebstiere und Muscheln: *Clam bake* und *Clam Chowder* (Sud und Suppe von Venusmuscheln), Riesengarnelen mit Algen gedünstet, Austern und kleine Muscheln mit Meerrettich. Man bereitet auch Hummer frisch aus dem Wasserbecken zu (für zwei Personen) und Fische aus dem Atlantik, die zuvor auf Eis präsentiert werden. Der Lachs mit Polenta und wilden Champignons ist exquisit. Auch die Erdbeerkuchen sind eine echte Spezialität. *Tgl. 7–10 und 18–24 Uhr; Abendessen 220 FF*

Sequoia Lodge
Dieses Hotel mit dem Charme eines Forsthauses und rustikaler Einrichtung läßt die Wahl zwischen zwei gemütlichen Restaurants: dem Hunter's Grill und der Beaver Creek Tavern.

Hunter's Grill
Fleischspieße drehen sich über dem Grill und warten auf die im Morgengrauen aufgebrochenen Jäger aus den Wäldern der Rockies. Die Stimmung ist entspannt und wohltuend. Der Hunter's Grill bietet als Spezialgericht das »Jäger-Bankett« an. Das Büffet ist bestückt mit frischen Salaten (wilde Champignons, weiße Bohnen mit Olivenöl, marinierte Linsen mit Schweinefleisch etc.), verschiedenen Braten (würzige Hühn-

ESSEN & TRINKEN

Tex-Mex-Food gibt's in mehreren Lokalen

...hen, Lamm mit Knoblauch), marinierter Geflügelleber, geräucherten Putenfilets in Schinkenröllchen mit Knoblauchkartoffeln. Zum Dessert: Sandtorte nach Art des Hauses mit Eis. *Tgl. ...–10 und 18–24 Uhr; Abendessen 75 FF*

Beaver Creek Tavern
Diese Taverne, die sich ganz den Freuden des Barbecue verschrieben hat, eignet sich vorzüglich für eine rasche Mahlzeit mit der Familie: Hühnchen, Spare Ribs oder Rinderkoteletts vom Buchengrill. Versuchen sollten Sie auch die speziellen Hamburger – gegrillt und geräuchert über Nußbaumholz. Zum Abschluß gibt's Nuß-Schokoladen-Desserts mit Vanilleeis. Der Wein wird offen ausgeschenkt. Im Sommer lädt die Terrasse zum Sonnenstündchen ein. *Tgl. 7–23 Uhr; Mittagessen 90 FF, Abendessen 120 FF*

RESTAURANTS UND BARS IM FESTIVAL DISNEY

Nachdem die Concorde dafür gesorgt hat, daß New York nur noch dreieinhalb Flugstunden von Frankreich entfernt ist, ermöglicht nun das Festival Disney, alle (oder fast alle) amerikanischen Vergnügungen nur mehr eine Stunde von Paris entfernt zu genießen. Die Menschen aus Paris und Umgebung können jetzt spontan beschließen, in den Vereinigten Staaten zu Abend zu essen, und sitzen eine Stunde später in einem Seebad-Restaurant an der Küste oder in Chicago in einem zum Restaurant umfunktionierten ehemaligen Schlachthof. Neben der Diskothek Hurricane's, dem Western-Club Billy Bob's und dem Erlebnis-Dinner Buffalo Bill's Wild West Show verfügt das Festival Disney über vier Restaurants, die einen thematischen Schwerpunkt haben (Annette's Diner, Key West Seafood, Los Angeles Bar & Grill und The Steakhouse), und zwei Themenbars, in denen man auch einen Snack bestellen kann: Sports Bar und Sandwiches New York Style. Annette's Diner und Sandwiches New York Style öffnen schon frühmorgens um 7 Uhr, so daß man beispielsweise hier zum Frühstück einkehren kann.

Annette's Diner
Rückblende in die fünfziger Jahre. Dies ist die Zeit, in der auf der anderen Seite des Atlantiks die Herrschaft von »Burgern« und Cadillacs, von Coca-Cola und Elektro-Haushaltsgeräten, Milk-Shakes und Bananensplit beginnt. Kurz, die goldenen Jahre der Konsumgesellschaft. Die Kellnerinnen tragen ihr Haar in Bananenknoten oder mit Sheila-Zopfbändchen und sausen auf Rollschuhen umher, während

die Annette-Statue (sie ist über fünf Meter hoch und wurde in Frankreich hergestellt) die Kunden anlächelt, die ihre Nostalgie in einem *Coke Float* (Eis mit Cola) ertränken oder sich wie kalifornische Rocker benehmen und einen *Turkey Burger* (Hamburger mit Putenfleisch) bestellen. An jedem Tisch ist eine kleine Jukebox installiert, die die großen Klassiker jener Zeit dudelt: mit Vorliebe Elvis (Presley) oder Chuck (Berry). Große Klasse! Wer zum Frühstück erscheint, bekommt French Toast (eine Art in Ei und Fett getunktes Brot), *Pancakes* oder *Porridge* — jeweils übergossen mit Ahornsirup. Zur Geschichte: Annette Funicello war der junge und sehr beliebte Star der wöchentlichen Fernsehsendung »Mickey Mouse Club«, die die kleinen Amerikaner zwischen 1955 und 1959 begeisterte. *Tgl. 7—1 Uhr; Essen 100 FF*

Key West Seafood

Tische aus unbehandeltem Holz, Zeitungspapierimitate als Tischtücher und kleine Holzhämmerchen: Alles ist bereit für eine Krebszerlegung. Der Saal liegt über der Wasseroberfläche des Disney-Sees. Ein Fischernetz trocknet an der Decke. Die Einrichtung erinnert an die etwas rustikalen Restaurants von Key West, der Koralleninsel, die die Halbinsel Florida wie ein langes Semikolon verlängert. Dort, in einem Haus im spanischen Kolonialstil, schrieb Hemingway seine berühmtesten Romane. An der Bar des Key West Seafood kann man Austern und Muscheln und dazu ein Glas Weißwein zu sich nehmen. Im Saal stehen auf der Karte alle erdenklichen Krebssorten, mit Knoblauch oder ohne: blaue Krebse, goldene Florida-Krebse, grüne Krebse aus Alaska und sogar Krebse mit weichem Panzer (wenig poetische Erklärung: Sie wurden mitten in der Häutungsperiode gefangen. Wer nicht mit dem Hämmerchen arbeiten möchte, ißt Langusten, frische Nudeln mit Meeresfrüchten oder Muscheln. Ein Festmahl für Kenner. Auch die Desserts sind exotisch: Limettenkuchen von der Küste (eine einzigartige Variante der grünen Zitrone), Kokoskuchen etc. *Tgl. 12—15 und 18—24 Uhr; pro Mahlzeit 220 FF*

Los Angeles Bar & Grill

Dieses Restaurant auf zwei Ebenen, dessen Einrichtung auf einen Schiffsrumpf anspielt, serviert kalifornische Pizzen aus dem Holzofen und einige leichte und delikate Gerichte, die für die Pazifikküste typisch sind: *Langusten Dim-Sum* (kleine, gedämpfte Häppchen), geräucherter Stör, Jakobsmuscheln, gegrillter *Snapper*. In der ersten Etage: eine Weinbar (geöffnet von 12 bis 1 Uhr), in der man diverse, vor allem kalifornische, Weine kosten kann — im Glas oder in Miniportionen von zwei Schlucken (*testing flights*, wenn man zum Beispiel drei edle Tropfen, die unter der Sonne Kaliforniens gereift sind, vergleichen will. Die kleine Weinprobe kann man bei feiner Pizza oder einer Cappuccino-Creme genießen. Von der offenen, aber geheizten Terrasse aus sieht man den Lake Disney und drei Hotels. *Tgl. 12 b 15 und 18—24 Uhr; Essen 220 F.*

Sandwiches New York Style

Wenige Plätze hat diese Snackbar, in die man geht, um ein paar gro

ESSEN & TRINKEN

ße New Yorker Gewürzgurken im Osten heißen sie *Malassols*) zu probieren und all die anderen Delikatessen der Küche jüdischer Mitteleuropäer, »korrigiert« von den Amerikanern. Nach ihrem Sandwich mit Corned beef gehen die Puristen zum *Cheesecake* über. Der *Cheesecake* ist für New Yorker im Exil das gleiche wie der Camembert für ausgewanderte Franzosen: eine fixe Idee! Die anderen nehmen *Carrot Cake* (Karottenkuchen, der ein wenig dem traditionellen Gewürzkuchen ähnelt). Auch hier kann man frühstücken (*Bagels* und *Muffins* mit oder ohne Ei). *Tgl. 7 bis 1 Uhr, pro Mahlzeit etwa 60 FF*

ports Bar

Unmöglich, das Ladenschild zu übersehen: Es ist ein riesiger amerikanischer Footballspieler. Man weiß gleich, woran man ist: Dieses Etablissement huldigt dem Sportkult im allgemeinen wie dem Baseball und Football im besonderen. 14 Fernsehbildschirme übertragen (live oder als Aufzeichnung) die Bilder von Spielen aus der ganzen Welt. Man trinkt französisches oder amerikanisches Bier oder auch Wein, der im Glas ausgeschenkt wird, während man ein Hot dog oder ein Pitta-Brot mit Geflügelsalat ißt. Eine überdachte und geheizte Terrasse sorgt dafür, daß man nichts vom Spektakel auf der Straße versäumt. *Tgl. 11–1 Uhr; pro Mahlzeit im Durchschnitt 60 FF*

he Steakhouse

The Steakhouse erinnert an jene Fleischlagerhallen in Chicago, dem großen Vieh- und Getreidehandelszentrum, die in Restaurants der neuesten Mode umge-

Attraktion für kleine Kinder: Casey Jr., der Zirkuszug

wandelt wurden. Mahagoni, Ledersessel, große Kamine – das Ambiente ist zugleich luxuriös und maskulin. Gleich am Eingang wählt man sein Fleisch aus einem großen Kühlschrank, dann seine Flasche (überwiegend amerikanische Weine) in einem angrenzenden Weinkeller. Das Rindfleisch kommt aus Schottland: Es ist vom Angus, der saftigsten und geschmackreichsten Sorte, der einzigen Rinderart, die mit denen aus Illinois vergleichbar ist, deren Import aber derzeit in Frankreich verboten ist. Die Stücke (Rindersteak, Sirloin, Tenderloin, T-Bone-Steak) sind riesig – Fleischliebhaber sind hier dem Paradies recht nah. Man kann sich aber auch für ein Schwertfisch-Steak oder ein über Buchenholz geräuchertes Schweinekotelett entscheiden. Wenn man zu mehreren ist, kann man eine ganze Keule bestellen. Als Vorspeise: Spinatsalat mit Bacon. Zum Dessert: der unvermeidliche, aber unwiderstehliche *Cheesecake*. *Tgl. 12–15 und 18–24 Uhr; Essen um 320 FF*

EINKAUFEN & SOUVENIRS

Shopping mit Pfiff

Spielereien im Micky-Design, Pullis von amerikanischen Baseball-Mannschaften oder kalifornische Weine: Disneys Versuchung

Wenn es im Vergnügungspark mehr Geschäfte als Spektakel gibt, ist das kein Zufall. Das vierzigste Plüschtier für den Jüngsten daheim zu kaufen, einen Cowboyhut zu erstehen, den man vor den Toren des Geländes natürlich nie wieder aufsetzen wird, die Kinder mit Goofy-Sweatshirts auszustatten, mit denen sie bei ihren Klassenkameraden Eindruck schinden können, kleine Gags für die Nachbarn mitzubringen – all das ist Teil des Vergnügens. »Die Fassaden der Hauptstraße sehen aus wie Spielzeughäuser und locken uns, sie zu erforschen. Aber innen verbirgt sich immer wieder ein verkappter Supermarkt, in dem man wie ein Besessener einkauft, nur weil man den Eindruck hat, weiterzuspielen«, schreibt Umberto Eco nicht sehr liebenswürdig in einem Essay aus dem Jahre 1985. Natürlich gibt es echte Fans, die jedes Abbild ihres Idols Micky aufstöbern und sammeln müssen, selbst wenn es sie ruiniert. Aber es gibt auch die anderen, die in »normalen« Zeiten niemals auf die Idee kämen, sich mit Bermudashorts zu zeigen, deren rechte Pobacke Minni ziert, oder gar mit einer Baseballmütze spazierenzugehen. Aber auch sie erliegen der Versuchung. Sie betreten ein Geschäft, um »einen Blick zu werfen« oder die Auslagen zu bestaunen, und verlassen es mit einem Kaffeeservice »Manhattan« oder einem Pu-der-Bär-Pyjama. Von den Kindern ganz zu schweigen. In der Atmosphäre des Themenparks ist es sehr schwer, den vielfältigen Versuchungen zu widerstehen. Um so mehr, als die Ladenbetreiber eine Menge von ihrer Sache verstehen: Es ist für wirklich jeden Besuchertyp etwas dabei. Einige Geschäfte verkaufen ausschließlich Disney-Artikel, andere bieten eine sehr große Auswahl an Waren aus der ganzen Welt an. Und irgend etwas ist wahrscheinlich darunter, das ausschließlich für Sie dorthin geschafft wurde.

Die Geschäfte befinden sich übrigens überall, nicht nur im

Tausende von originellen Geschenkideen in allen Preislagen

Park. Jedes Hotel hat eines, ebenso wie die Davy Crockett Ranch und der Golfplatz. Gleich mehrere Läden sind im Festival Disney untergebracht, darunter die schönsten der ganzen Anlage. Wie die Restaurants und die Spektakel hat jedes Geschäft ein eigenes Thema, ein bestimmtes Motto. Ihre sorgfältig arrangierten Dekorationen sind fast immer einen Blick wert. Shopping ist also ein fester Bestandteil des »Disney-Erlebnisses«. Insgesamt umfaßt die Gesamtverkaufsfläche im Euro Disney Resort etw 8000 Quadratmeter, auf dene in der Hochsaison 1150 *Cas Members* arbeiten. Manche Ge schäfte, wie etwa das Emporiun haben bis zu 200 Angestellte.

Die Geschäfte sind täglich ge öffnet (auch sonntags). Die La den im Inneren des Parks öffne und schließen zur gleichen Zei wie der Park selbst, die Boutiquer der Hotels und der Davy Crock ett Ranch sind von 7 bis 23 Uh die des Festival Disney normaler weise von 9 bis 24 Uhr geöffne

MARCO POLO TIPS FÜRS SHOPPING

1 Boardwalk Candy Palace
Das Paradies für Freunde von Kaugummi und Süßigkeiten (Seite 66)

2 Disney Store
Allein wegen der Flugzeugmodelle, der Miniaturzüge und der Ballone, die das Geschäft zieren, ein heißer Tip (Seite 61)

3 Dapper Dan's Hair Cuts
Echte Barbiere sind so selten geworden. Ein beklagenswerter Nachteil des Fortschritts! (Seite 61)

4 Hollywood Pictures
Wundervolle Poster von Herrn Gable und Fräulein Monroe (Seite 63)

5 Main Street Motors
Bewundern Sie diese prächtigen Zylinder und das glitzernde Chromwerk... (Seite 61)

6 Northwest Passage
Für alle, die beschlossen haben, ihre Sonntage in der Natur zu verbringen (Seite 65)

7 Star Traders
Hier reimt sich Teenager auf Roboter und phantastisch auf intergalaktisch (Seite 66)

8 Buffalo Trading Company
Cowboy-Ausrüstungen und allerlei Zierat aus dem Wilden Westen (Seite 67)

9 Team Mickey
Große Pullover, mit denen Sie auf »sportlicher Amerikaner« machen können (Seite 66)

10 Thunder Mesa Mercantile Building
Echte Stetsons, wie man sie in der harten Welt von Dallas trägt (Seite 67)

EINKAUFEN & SOUVENIRS

ALTE AUTOMOBILE

Main Street Motors
★ Hier stehen drei fabelhafte Oldtimer zum Verkauf: ein EMF (Everitt, Metzger und Flanders) vom Typ »Gentleman's Roadster« aus dem Jahr 1908, ein Reliable Dayton »High-Wheeler«, der 1907 in Chicago gebaut wurde, ein Oakland 1911 sowie ein Motorrad Marke Excelsior aus dem Jahre 1911. Ein *Cast Member*, verkleidet als Verkäufer aus jener Epoche, beantwortet die Fragen der Neugierigen. Wer etwas preiswerter träumen möchte, findet alte Hupen, chromblitzende Kühlergrills oder Poster und Postkarten aus jener Epoche. *Main Street*

BARBIER

Dapper Dan's Hair Cuts
★ In diesem nostalgischen Salon kann man sich den Schnauzbart stutzen lassen oder ein Bartpflegeset aus Porzellan erstehen. *Main Street*

BUCHHANDLUNG

The Storybook Store
Im Ambiente einer kleinen, altertümlichen Bibliothek werden hier Bücher und Kassetten mit Walt Disneys Werken verkauft (in Französisch, Englisch, Deutsch und Italienisch). Außerdem gibt es Bücher über Disney selbst. *Main Street*

DISNEY-SOUVENIRS

Constellations
Spielzeug, Kleidung und andere Klassiker aus dem Hause Disney. *Discoveryland*

Disneyana Collectibles
Lithographien in begrenzter Auflage, Zelluloidstreifen (von 12 000 bis 15 000 FF) oder Reproduktionen (um 300 FF), schöne Bücher, aber auch Keramikfiguren und Kleinigkeiten aus Porzellan und Kristall. *Main Street*

Disney & Co
Micky-T-Shirts, Pluto-Pantoffeln, Goofy-Krawatten, Teller mit Donald oder Daisy und so weiter und so fort. Nur das Karussell wird nicht verkauft. *Main Street*

Disney Store
★ Dieses Geschäft hat nichts zu tun mit dem Disney Store auf der Londoner Regent Street oder denen, die demnächst in ganz Europa aufmachen – wenn es nicht echte Disneys sind, natürlich. In dem Laden mit mehr als 1000 Quadratmetern Ausstellungsfläche dreht sich alles ausschließlich um Micky und seine Begleiter: Helme, Pins (Anstecknadeln mit bestimmten Logos), Taschen, Seidentücher, Spielzeug und sogar einen Pluto-Schreibtisch für Kinder gibt es hier. Die absoluten Fans der Maus mit vier Fingern werden (mit gezücktem Scheckbuch) über den ein Meter fünfzig großen Micky aus kalifornischer Kiefer herfallen. Es ist eine limitierte und numerierte Auflage und sicherlich das teuerste Objekt im ganzen Euro Disney Resort: 65 000 FF. Die Dekoration des Geschäftes ist einen Blick wert: Gezeigt werden Kopien von dem ersten Flugzeug, konstruiert von den Brüdern Wright, sowie von Lind-

berghs Maschine (Spirit of Saint Louis) ebenso wie ein verkleinertes, maßstabgetreues Modell des TGV. *Festival Disney*

Emporium
Das Ambiente erinnert an jene großen Geschäfte der Jahrhundertwende, in denen ein erfindungsreiches System von Rollen und Laufbändern Geld zu einer Kasse in schwindelnden Höhen transportierte – wo es gut geschützt vor fremdem Zugriff verwahrt wurde. Heute akzeptiert man ohne weiteres Kreditkarten für alle Waren mit dem Disney-Stempel. Mit 850 Quadratmetern die größte Verkaufsfläche im Themenpark. *Main Street*

Galerie Mickey
Zwischen den Phantasiefiguren von Walter Elias Disney werden hier alle möglichen Souvenirs angeboten. *Disneyland Hotel*

Plaza West und Plaza East Boutiques
Plüschtiere, T-Shirts und Kleinigkeiten jeder Art kann man hier kaufen – auch wenn man den Park schon verlassen oder gar nicht erst betreten hat. *Train Station Plaza*

FOTOGRAFIE

Plaza West und Plaza East Boutiques
Filme (ausschließlich Kodak) und Batterien für Autofokus-Kameras, Blitze etc. Das Geschäft ist vom Inneren des Themenparks wie auch von außen zu erreichen. Es öffnet eine halbe Stunde vor dem Park und schließt eine halbe Stunde nach ihm. *Train Station Plaza*

Hier können Sie einen Fotoapparat oder eine Videokamera ausleihen

Town Square Photography
Filme (ebenfalls nur Kodak), Batterien, Kassetten etc. zum Verkauf, es werden aber auch Videokameras und Fotoapparate verliehen. Filmentwicklung innerhalb von zwei Stunden. *Main Street*

Filme sind auch an diversen anderen Stellen im Park zu bekommen, zum Beispiel in den folgenden Läden: The Storybook Store, Disney & Co, Emporium, Le Coffre du Capitaine, La Chaumière des Sept Nains, Sir Mickey's, Star Traders, Constellations. Im Festival Disney sind sie im Disney Store und im Geschäft Team Mickey zu bekommen, außerdem in allen Geschäften der Hotels.

HÜTE, SCHMUCK UND ACCESSOIRES

Bixby Brothers
Modische Accessoires, Lederwaren, Hüte und Kleidung. *Main Street*

L'Échoppe d'Aladin
Ethno-Schmuck aus Nordafrika. *Adventureland*

EINKAUFEN & SOUVENIRS

Les Trésors de Schéhérazade
Schleier, Goldstickereien, verzierte Bustiers, winzige Pantöffelchen, kurz, alles, um einen Schleiertanz oder ein Couscous-Essen mit Verkleidungen zu organisieren. *Adventureland*

Ribbons and Bows Hat Shop
Strohhüte mit Bändern, Federhüte, Hüte mit Blumen, Schleiern oder Früchten werden im Ambiente einer viktorianischen Hutfabrik verkauft. Außerdem finden Sie hier das unverwüstliche schwarze Filzkäppchen mit den zwei runden Ohren von Seiner Majestät Micky, das auf Wunsch gratis mit Ihrem Monogramm versehen wird. *Main Street*

Tobias Norton & Sons-Frontier Traders
Authentische Stetsons, Details unter der Rubrik »Western«. *Frontierland*

Trader Sam's Jungle Boutique
Sam ist ein Händler, der zwischen vier Bambuswänden seine

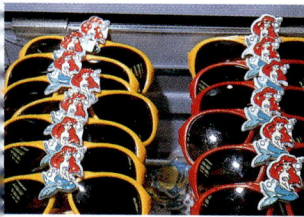

Wie soll man solch zauberhaften Brillen widerstehen?

spezielle Kollektion an Sandalen, T-Shirts und diversen Accessoires verkauft, wie Tropenhelme eines Forschers oder Hüte, die selbst Crocodile Dundee vor Neid erblassen lassen würden. *Adventureland*

KINO

Hollywood Pictures
★ Poster, Postkarten, Brillen mit Schmetterlingsflügeln, paillettenverzierte T-Shirts und Kleider... die Stars der fünfziger Jahre lassen grüßen! Alles hier zeigt die Welt der Filmkunst aus den Disney-Studios und ganz Hollywood. Die Dekoration erinnert an ein Filmstudio. *Festival Disney*

KUNSTHANDWERK UND SCHMUCK

La Bottega di Gepetto
Puppen, Marionetten, Spieluhren, hübsche Spiele aus bemaltem oder naturbelassenem Holz, große Pinocchio-Hampelmänner und Kuckucksuhren ganz wie in der Schweiz. *Fantasyland*

La Boutique du Château
Eine gute Abteilung mit Weihnachtsschmuck – Disney-Figuren, aber auch Glaskugeln aus Deutschland und traditionelle Figürchen aus dem Osten. Zu jeder Jahreszeit geöffnet. *Fantasyland*

La Reine des Serpents
Exotische Geschenke (Schachteln aus Pappmaché, ägyptische Parfümflakons, Seidenkissen und so weiter), mit denen man seine Dreizimmerwohnung in einen Palast aus Tausendundeiner Nacht verwandeln kann. *Adventureland*

Le Chant des Tam-Tams
Weiden- und Bastkörbe, marokkanische Töpfe und Holzgegenstände. *Adventureland*

Le Coffre du Capitaine
In diesem Gebäude, das am Eingang des Spektakels Pirates of the Caribbean liegt, durchstöbert man die Truhen, die die Piraten gefüllt haben: Sextanten, Kaleidoskope, Schiffsmodelle, Pistolen der Piraten, Säbel, Reproduktionen von alten Weltkarten ... *Adventureland*

Merlin L'Enchanteur
Dieser Laden befindet sich im Erdgeschoß des Schlosses, in dem auch Merlin seine Werkstatt hat. Wenn Sie auf der Suche nach einem fluoreszierenden Drachen auf Rädern sind, ist dies das Ziel Ihrer Träume. Man verkauft hier außerdem mittelalterliche Kannen, phantastische Puzzles, mit Edelsteinen besetzte Dosen für Bonbons oder Schmuck, luxuriöse Schachspiele (von 3000 bis 12000 FF) und von Goldschmieden angefertigte Reproduktionen von Königskronen. *Fantasyland*

Silhouette's Artist
Ein Künstler schneidet Ihnen in Windeseile Ihr Profil als Scherenschnitt. Man rahmt es Ihnen auch an Ort und Stelle. *Main Street, am Eingang des Town Square Photography*

Trading Post
Eine kleine Boutique, die einige typische Objekte aus Neu-Mexiko anbietet. *Hotel Santa Fe*

Woodcarver's Workshop
Am Eingang zur Critter Corral Farm modelliert ein Künstler kleine Tiere aus Holz. Sie können ihn auch bitten, Ihren Vornamen oder den Namen Ihres Hauses oder sonst eine Aufschrift in ein Holzbrett zu schnitzen. *Frontierland*

LEBENSMITTEL

Alamo Trading Post
Selbstversorger, also Bungalowgäste der Davy Crockett Ranch, finden hier alles, was sie für ein zünftiges Picknick oder einen Grillabend brauchen. *Davy Crockett Ranch*

MODE

Bay Boutique
Für Wasserratten und Seebären: Sportkleidung mit nautischem Touch in einem sehr »neuenglischen« Rahmen – mit oder ohne Aufdruck »Newport Bay Club« *Hotel Newport Bay Club*

Ein hübsches Schild für ein ungewöhnliches Geschäft

Disney Clothiers, Ltd
Kleidung und Accessoires nach Disney-Art für die ganze Familie. Einige gestreifte Seglersachen, Graffiti-T-Shirts und die »authentische Serie« – lässige Klamotten mit nostalgischen Bildern des kleinen, frechen Mäuserichs. *Main Street*

La Girafe Curieuse
Alles, womit Sie sich von Kopf

EINKAUFEN & SOUVENIRS

Ein unverwüstlicher Klassiker: Sweatshirts mit Micky-Emblem

bis Fuß für Ihre nächste Safari ausrüsten können: Safarijacken, lange Röcke im Stil von »Out of Africa«, leichte Baumwollhemden, Safari-T-Shirts und allerlei Taschen. Die »neugierige Giraffe«, die dem Laden den Namen gab, begnügt sich übrigens damit, ihren Kopf in das Geschäft zu recken. *Adventureland*

Le Brave Petit Tailleur
★ Kleidung, verziert mit den klassischen Disney-Figuren. *Fantasyland*

Stock Exchange
Viele schicke (und natürlich eher teure) Mitbringsel, die aussehen, als stammten sie aus New York, T-Shirts mit dem »Big Apple«-Aufdruck, Pullover mit dem Logo des Hotels und zahlreiche andere Kleidungsstücke, die man gern in den amerikanischen Metropolen trägt. *Hotel New York*

NATUR

Alamo Trading Post
Artikel zum anscheinend zeitlosen Thema Davy Crockett. Eine reizende Aufmerksamkeit gegenüber den Waschbären: Die Schwänze der Davy-Crockett-Mützen sind aus Kunstpelz. *Davy Crockett Ranch*

Northwest Passage
★ Schöne Souvenirs aus den berühmten amerikanischen Nationalparks für Wanderer und Ökos der verschiedenen Richtungen: Kräuter, Recyclingpapier oder Bauklötze aus Holz. *Hotel Sequoia Lodge*

PORZELLAN UND KRISTALL

Disneyana Collectibles
Bekannte Marken: Christofle, Baccarat, Lalique… Teegeschirr aus englischem Porzellan und

viele Kleinigkeiten und Püppchen aus Kristall und Porzellan. *Main Street*

Glass Fantasies
Bambis, Kaninchen und andere charmante Kreaturen aus Glas werden vor den Augen des sprachlos-staunenden Publikums mundgeblasen. Auf Wunsch graviert man Ihnen auch Initialen oder Disney-Figuren in die soeben erstandenen Gläser. *Main Street, im Inneren von Disney & Co*

SPIELZEUG UND STOFFTIERE

Emporium
Dies ist gewiß der beste Ort, den Grundstein für eine Plüschtiersammlung der Zeichentrickfiguren unseres Freundes Walt Disney zu legen. Sie finden hier außerdem Steiff-Teddybären, Anima-Pandas und vielerlei Puppen. *Main Street*

Eureka Mining Supplies and Assay Office
Schönes Spielzeug aus dem Wilden Westen Amerikas wird in dieser von den Pionieren verlassenen Bergbauhütte verkauft. *Frontierland*

La Chaumière des Sept Nains
★ In der »Hütte der Sieben Zwerge« gibt es unter anderem Figürchen, Disney-Plüschtiere und Kinderkleidung. *Fantasyland*

Sir Mickey's
★ Ein großer Bereich dieses Geschäfts, La Ménagerie du Royaume, verschwindet fast vollständig unter Samt-Bambis und kleinen, weichen Entchen. *Fantasyland*

Star Traders
★ Futuristische Geschenkartikel, Titan-Uhren, elektrische und elektronische Spielereien, High-Tech-Rechner, intergalaktische Spiele, Weltallkarten, Schmuck mit Hologrammen ebenso wie einige Waren aus der »Star Tour« (Helme, metallbeschlagene Rucksäcke etc.) finden Sie in diesem Geschäft, das – seinem Thema angemessen – natürlich ganz in Glas und Metall gehalten ist. *Discoveryland*

The Toy Chest
Spielzeug und Spiele – nur für artige Kinder, die hier den Geldbeutel ihrer geplagten Eltern gehörig schröpfen können. *Main Street*

SPORT

Surf Shop
Hier herrscht Seebad-Stimmung: Eine Sonne bescheint die feinen Sandstrände und Strandkabinen, in denen Bermudas, Badeanzüge und Shorts, kurz: die komplette Ausstattung für einen Hawaii-Surfer anprobiert werden kann. Für Kenner: Im Angebot sind fast alle namhaften Marken wie Ocean Pacific, Billa Bong oder Gotcha. *Festival Disney*

Team Mickey
★ Jogginganzüge und Tenniskleidung, Sportschuhe und große Zopfmuster-Pullis mit dem Logo »Team Mickey« oder denen amerikanischer Baseball- oder Footballteams sowie Wimpel und T-Shirts von Schlachtenbummlern. Die ganze Fitneßpalette des American way of live Gestaltet ist der Laden wie ein Stadion. *Festival Disney*

EINKAUFEN & SOUVENIRS

SÜSSIGKEITEN UND NASCHWERK

Boardwalk Candy Palace
★ Zuckerzeug nach alten Rezepten, riesige Lutscher, im Munde zerfließende Toffees oder *Salt Water Taffy* — weiches, salziges Karamel mit Fruchtaroma —, eine Spezialität aus Atlantic City, gibt es in diesem Palast für Gourmets jeden Alters. Ein unwiderstehlicher Nougatduft kitzelt den Rüssel des Elefanten, eines großen Bonbon-Liebhabers, der in diesem wunderbar nostalgischen Geschäft thront. *Main Street*

Eureka Mining Supplies and Assay Office
Hier gibt es eine Auswahl der süßen Spezialitäten aus dem Westen — wie besondere Schokoladenriegel —, die jeden Cowboy in kurzen Hosen begeistern werden. *Frontierland*

La Confiserie des Trois Fées
Kleine, mit Holz eingerichtete Hütte (gewiß von den Feen aus Dornröschen), die wunderbar duftet. Man kann sich hier auch mit rot-weiß gestreiften *Candy Canes* eindecken, um den nächsten Weihnachtsbaum zu verzieren — falls man sie nicht schon vorher genascht hat. *Fantasyland*

WESTERN

Buffalo Trading Company
★ Delikatessen und Cowboyverkleidung: Stiefel, Hüte, Gürtel, Ledersachen, Türkisschmuck und anderes. Aber Vorsicht: Beim Verlassen der Buffalo Bill's Wild West Show schwelgt man noch in der Welt des Wilden Westens und vergißt leicht, daß man sich in der Regel eher mit der U-Bahn zur Arbeit begibt als mit dem Pferd! *Festival Disney*

General Store
In sympathischer Country-Atmosphäre können Sie hier verschiedene Disney-Souvenirs, aber auch typische Westernartikel entdecken. *Hotel Cheyenne*

Pueblo Trading Post
Handgearbeitete Töpfe und ebensolcher Schmuck von verschiedenen amerikanischen Indianerstämmen, insbesondere den Navajos, sind in dieser Holzhalle an den Ufern der Rivers of the Far West ausgestellt. *Frontierland*

Thunder Mesa Mercantile Building
★ In diesem großen Geschäft sind mehrere Läden untergebracht, zum Beispiel Bonanza Outfitters, Eureka Mining Supplies and Assay Office und Tobias Norton & Sons. Sie finden hier Country-Western-Kleidung (Lederwesten mit den obligatorischen Fransen, Jeans, Bandanas, die klassischen Trapper- und Holzfällerhemden mit Schottenkaro, authentische Stetsons, Stiefel und Ähnliches) ebenso wie kunsthandwerkliche Produkte aus den Indianerreservaten (Ketten und Ringe aus Silber und mit Türkisen etc.) oder verschiedene Dekorationsgegenstände im Stil des frühen Amerikas und solche, die an die Eroberung des Westens erinnern. *Frontierland*

HOTELS

Traumhaft schlafen

Hotels mit eigenem Thema oder Bungalows bei Davy Crockett: Das Fest geht weiter

Vergessen Sie alles, was Sie aus der traditionellen Hotellerie gewohnt sind. Im Euro Disney Resort gleichen nur die Serviceleitungen (Kofferträger, Wäscherei und ähnliches) in etwa dem, was Sie kennen. Dennoch gibt es einige typisch amerikanische Besonderheiten, wie die Eiswürfel-Automaten auf jeder Etage oder Waschsalons mit Selbstbedienung (selbst in den luxuriösesten Hotels).

Im übrigen trägt alles – von der Anlage der Gärten über die Kleidung des Personals bis hin zur Speisekarte im Restaurant – zu einem vergnüglichen Tapetenwechsel bei. Jedes Hotel im Euro Disney Resort steht unter einem bestimmten Motto: Entweder geht es um eine Region der Vereinigten Staaten (New York, Rocky Mountains, Neuengland, Santa Fe) oder um eine Periode der amerikanischen Geschichte (wie die Eroberung des Westens im Cheyenne oder die Jahrhundertwende im Disneyland Hotel). Mit einer Kapazität von derzeit 5200 Zimmern (13 000 weitere Zimmer sind geplant) erstreckt sich der Hotelbereich auf 58 Hektar. Die sechs Hotels liegen südöstlich des Themenparks, am Ufer des Lake Disney oder am Rio Grande.

Walt Disneys Wünschen entsprechend, der wollte, daß jeder seiner Parks über eine Übernachtungspalette von der »Präsidenten-Suite bis zum Schlafsack« verfügt, bieten die Hotels und die Davy Crockett Ranch im Euro Disney Resort Schlafmöglichkeiten zwischen 300 FF für ein Zimmer im Santa Fe in der Nebensaison und 8750 FF für eine prunkvolle Suite im Disneyland Hotel an.

Ein Hotel gehört zur Kategorie der Luxusklasse (das Disneyland Hotel), eines (das Hotel New York) zur Kategorie »mit erstklassigem Komfort«, zwei weitere in die Kategorie »gehobener Komfort«, die gewiß drei Sterne verdienen (das Newport Bay Club und das Sequoia Lodge), zwei andere können als Economy-Häuser eingruppiert werden (das Cheyenne und das Santa Fe). Naturfreunde ziehen wohl den Charme der Davy Crockett Ranch auf der anderen Seite der Autobahn vor. Dort finden Sie die 498 Bungalows.

Ein weiterer beachtlicher Unterschied im Vergleich zur euro-

Ein Seebad Neuenglands zu Beginn des Jahrhunderts: das Hotel Newport Bay Club

päischen Hotellerie besteht darin, daß Kinder hier höchst willkommen sind. Tatsächlich ist jedes Zimmer so konzipiert, daß eine vierköpfige Familie (und nicht nur ein kinderloses Paar) unterkommen kann. Für noch größere Familien gibt es Zimmer, die miteinander verbunden sind. Die Bungalows in der Davy Crockett Ranch bieten Platz für sechs Personen. In allen Hotels können Eltern auf einen Babysitter-Service zurückgreifen und ein Gitterbett für Babys bestellen.

Frühstück: Zwar ist es möglich, das Frühstück im Bett einzunehmen, doch regt eigentlich nichts dazu an. Die Hotels sind weitläufig, und ganz offensichtlich zieht die Direktion es vor, daß die Gäste ins Restaurant herunterkommen. Übrigens wäre es auch schade, auf dem Zimmer zu bleiben, denn die Frühstücksbüffets sind wirklich köstlich und reichhaltig, und die *Character Breakfasts* bieten als Bonus den Besuch von Donald, Mary Poppins oder Goofy an. Für Kinder ein unvergeßliches Erlebnis.

Mittag- und Abendessen: Jedes Hotel hat ein oder zwei Restaurants. Gibt es zwei, ist in der Regel eines etwas familiärer als das andere, das wiederum eher für ruhige Essen zu zweit geeignet ist. Zwar gibt es weder Halbnoch Vollpension, doch bieten die Restaurants spezielle Menüs für Kinder zu recht vernünftigen Preisen an. Die Öffnungszeiten sind ausgesprochen ausgedehnt (Sie finden die Uhrzeiten bei den Beschreibungen der einzelnen Lokale).

Entspannung: Alle Hotels haben einen Salon mit Spielen (sehr angenehm, wenn es regnet oder eine Spielzone für Kinde Cocktailbars, Weinstuben un Cafés laden erwachsene Gäst zur Entspannung bei stimmungs voller Musik ein.

Sport: Die Hotels (außer den Cheyenne und dem Santa Fe verfügen ebenso wie der Bunga lowpark über ein Schwimmba und einen Fitneßclub (100 F) für mehrere Tage, 50 FF pro Be such, Mindestalter: 16 Jahre Die Eisbahn des Hotels Nev York ist den ganzen Winter i Betrieb und für alle zugänglich Im Sommer macht es Spaß, m den *Toobies* — motorisierte Schlauchbooten — (zu mieten i der Marina Del Rey, Festival Di ney, 30 FF für 15 Minuten ode 50 FF für 30 Minuten) auf den acht Hektar großen See herum zudüsen. Auf echte Sportler war ten ein Golfplatz (er befinde sich auf halber Strecke zwische dem Themenpark und der Dav Crockett Ranch) sowie divers Joggingpfade.

Verkehr: Die Hotels sind unter einander durch eine am See gele gene Promenade verbunden. I der Hochsaison gibt es eine Bus, der um den See fährt.

Parkplätze: Hotelgäste oder Be sucher der Davy Crockett Ranc können ihre Fahrzeuge koster los auf den dazugehörigen Park plätzen abstellen.

Wenn — per Definition — all Hotels im Euro Disney Resor »Traumhotels« sind, gesellt sic im Disneyland Hotel und im Ho tel New York zum Traum noc der Luxus: geräumige Zimme (immerhin 34 und 31 Quadra meter), raffiniert eingerichte mit Frisierkommode, Miniba Minitel, Haartrockner, Safe un

HOTELS

elefon – auch im Bad. Darüber
inaus gibt es natürlich auch alle
n großen Hotels üblichen Leitungen.

Diese beiden Hotels verfügen
nsgesamt über 57 exklusive Suiten und einen »Castle Club« (50
Zimmer im Disneyland Hotel
nd 130 im Hotel New York). In
en oberen Etagen (mit eigenem
Eingang) gelegen, sind diese
Clubzimmer mit einigen Besonderheiten ausgestattet: eigener
Salon, kontinentales Frühstück,
den ganzen Tag über Getränke
und Snacks. Übrigens haben alle
Zimmer im Disneyland Hotel
einen beeindruckenden Ausblick auf die Main Street.

Die Zimmerpreise der Hotels
sind saisonal gestaffelt. Für 1994
gelten folgende Zeiten: Neben-

Zur Gedächtnisauffrischung ...

Cheyenne: Die Hauptstadt von Wyoming, nicht weit von der Grenze nach Colorado, liegt auf der Strecke der Bahnlinie des Union Pacific. Sie ist ein wichtiges Viehhandelszentrum und außerdem die Hauptstadt des Rodeos, woran auch die Nummernschilder in Wyoming erinnern. Die Stadt ist übrigens nach den Cheyenne benannt, Indianer aus der Familie der Algonkin, die im 17. Jahrhundert an den Quellen des Missouri lebten und von den Sioux in den Südwesten vertrieben wurden.

Davy Crockett: David (genannt Davy) Crockett war ein Trapper und berühmter Waldbewohner, aber auch ein Politiker zur Zeit der »Grenze«, was sich besonders im Kampf gegen die Creek-Indianer zeigte, ehe er zur legendären Figur wurde. Er lebte von 1786 bis 1836.

Newport: Im Staat Rhode Island gelegene Stadt im Nordosten der Vereinigten Staaten. Rhode Island bildet mit fünf weiteren Staaten Neuengland. Newport bedeckt eine Insel in der Mündung des Narragansett. Gegründet wurde diese Kolonie 1639 von puritanischen Dissidenten aus dem Nachbarstaat Massachusetts.

Rio Grande: Dieser 2896 Kilometer lange Fluß entspringt in Colorado, fließt quer durch Neu-Mexiko und bildet die Grenze zwischen Mexiko und Texas, ehe er als riesiges Delta in den Golf von Mexiko mündet.

Santa Fe: Die derzeitige Hauptstadt vom Staat Neu-Mexiko mit mehr als 50 000 Einwohnern wurde 1610 von den Spaniern an einem Nebenfluß des Rio Grande gegründet. Die Indianer nahmen die Stadt ein, traten sie aber 1692 wieder den Spaniern ab. Während des Ausbruchs der mexikanischen Revolution 1821 verloren die Spanier die Kontrolle über die Region. Am Ende des Sezessionskrieges lockte die Entdeckung von Silber- und Goldminen zahlreiche Pioniere auf die Hochplateaus zwischen den Canyons. Heute gibt es einige zehntausend Indianer (Navajos, Pueblos, Apachen etc.) hier in Pueblos, die hauptsächlich dank ihrer kunsthandwerklichen Fähigkeiten überleben können.

saison: 2. Januar bis 10. Februar täglich, vom 20. Februar bis 27. März, 8. April bis 9. Juni (außer 12. und 22. Mai) und 11. bis 29. September an Wochentagen. Zwischensaison: 13. bis 17. Februar, alle Wochenenden vom 11. Februar bis 19. März sowie wochentags vom 12. bis 30. Juni und vom 28. August bis 8. September. Hochsaison: 25. März bis 7. April, 12. und 22. Mai, 1. Juli bis 27. August sowie alle Wochenenden vom 25. März bis 30. September. *Auskunft und Reservierungen: 00 33/1 49 41 49 41*

LUXUSHOTEL

Disneyland Hotel

Fassaden in sanftem Rosa, achteckige Dächer und Türmchen mit einer Micky-Uhr zieren dieses Märchenhotel. Seine Architektur erinnert an die Paläste in den Seebädern, die zu Beginn des Jahrhunderts im viktorianischen Stil an den sonnigen Küsten der Vereinigten Staaten errichtet wurden. Mit ihren dicken Teppichen, ausgewählten Möbeln und geräumigen Ausmaßen bieten die 479 Zimmer und 21 Suiten (ab 3250 FF, darunter eine Präsidentensuite mit 188 Quadratmetern für 8750 FF) wirklich fürstlichen Komfort. Das Hotel hat zwei Restaurants: Inventions (geöffnet von 7 bis 23 Uhr), eingerichtet unter dem Motto technischer Entdeckungen, und den California Grill (von 12 bis 15 Uhr und von 18 bis 24 Uhr geöffnet), der ganz im Zeichen der Gastronomie der Westküste steht, die Phantasie und den sicheren Umgang mit natürlichen Zutaten vereint. Im Inventions wird zeitweise auch ein *Character Breakfast* angeboten – ein üppiges Frühstücksbüffe das Disney-Figuren durch ihr Anwesenheit bereichern. Im Café Fantasia (geöffnet von 7 bis 23 Uhr), das ganz im Stil der gleichnamigen Films eingerichtet ist, können Sie ebenfalls frühstücken oder ihren »Five o'clock tea« zu sich nehmen. In der Pianobar Main Street Lounge (geöffnet von 11 bis 23 Uhr sollten Sie hingegen den Aperitif, einen Cocktail oder edle Weine trinken. Für die Pflege der Gesundheit stehen ein Schwimmbad, ein Fitneßclub (50 FF pro Tag) mit Dampfbad und Solarium (100 FF/30 Min.), Sauna, Massage (200 FF/30 Min.) und gesunden Snack zur Verfügung. *Zimmerpreis 1600 FF (Neben- und Zwischensaison), 1950 FF (Hauptsaison)*

HOTEL MIT ERSTKLASSIGEM KOMFORT

Hotel New York

Geschäftsleute und internationale Manager wären hier keinesfalls deplaziert: Dies ist Manhattan im Kleinformat. Zwar hat der Wolkenkratzer des Architekten Michael Graves nur acht Etagen dennoch bietet er einen großartigen Ausblick über den Lake Disney, auf dem Sie bei gutem Wetter eine kleine Spritztour mit den *Toobies* unternehmen können. Die 575 Zimmer und Suiten sind im Stil der dreißiger Jahre eingerichtet. In der Mitte befindet sich als kleiner Verweis auf den Wollman Skating Rink der Central Parks die Rockefeller Plaza – eine Kunsteisbahn im Winter und eine kleine Wasserfläche im Sommer.

HOTELS

Eine Big Band aus dem Harlem der dreißiger Jahre spielt im vom New Yorker Cotton Club inspirierten Art-déco-Ambiente des Manhattan Jazz Club (von 18 bis 23 Uhr zum Dinner, von 23 bis 1 Uhr morgens zum Souper geöffnet) für elegante Paare zum Tanz auf. Dies ist das einzige Restaurant, in dem Jackett und Krawatte obligatorisch sind – haben Sie keine mitgebracht, können Sie in der Garderobe alles Nötige ausleihen. An manchen Vormittagen (zwischen 7 und 10 Uhr) findet hier das *Character Breakfast* unter Beteiligung von Pluto, Goofy, Donald oder Ahörnchen und Behörnchen statt (140 FF pro Person, für Kinder zwischen 3 und 11 Jahren 95 FF). Im Parkside Diner (geöffnet von 7 bis 23 Uhr) geht es ungezwungener zu. Ein kontinentales Frühstück wird in der 57th Street Bar serviert – zur Erinnerung: Die 57th in New York ist die Straße der Haute Couture und der Luxusboutiquen. In dieser Bar, mit Blick auf den Disney-See, sollten Sie abends auch Ihren Schlummertrunk nehmen (bis 1 Uhr morgens). Für die Gesundheit bietet das Hotel geheizte Schwimmbäder und einen Fitneßclub mit Sauna, Solarium, Massage, Trainingsgeräten und vitaminreichen Snacks (Preise wie im Disneyland Hotel). Auf alle, die ihre Waden noch nicht auf den Wegen des Magischen Königreiches überstrapaziert haben, warten zwei Tennisplätze (Freiluftplätze mit Beleuchtungsanlage, 100 FF/Std.). Das New York Coliseum Convention Center, ein 3000 Quadratmeter großes Kongreßcenter, ist gleich nebenan – natürlich mit dem notwendigen und zeitgemäßen technischen Komfort wie Telekommunikation, Sekretariat, Büros und Rezeption ausgerüstet. *Zimmerpreise: 1000 FF (Neben-, Zwischen- und Hauptsaison)*

HOTELS MIT GEHOBENEM KOMFORT

Der Newport Bay Club und das Sequoia Lodge liegen am Ufer des Disney-Sees. Zwar sind sie weniger prunkvoll als das Disneyland Hotel und das Hotel New York, deswegen aber nicht weniger komfortabel.

Newport Bay Club

Gepflegte Rasenflächen, Croquet-Spiele, das ruhige Wasser des Sees, eine weiße Veranda mit Schaukelstühlen und Blick auf scharlachroten Ahorn und Eichen: Wir befinden uns in einem Seebad Neuenglands zu Beginn des Jahrhunderts. Das Hotel, geplant von dem New Yorker Architekten Robert Stern, hat 1098 Zimmer und Suiten. Hinter den in sanften Farben gestrichenen Holzfassaden liegen Räume, die zauberhaft nach einem maritimen Thema eingerichtet wurden. In beiden Restaurants des Hotels haben Sie Gelegenheit, die Küche Neuenglands kennenzulernen: im Cape Cod (geöffnet von 7 bis 23 Uhr) und im Yacht Club (geöffnet von 18 bis 24 Uhr). Im Cape Cod werden bei eher familiärer und vor Grün strotzender Dekoration frische Meeresfrüchte und Speisen wie »auf dem Lande« angeboten, im Yacht Club konzentriert man sich auf *fruits de mer*. Zwischen 7 und 10 Uhr können Sie hier frühstücken, wenn Sie nicht den Stil der Jahrhundertwende im Fisherman's Wharf vorziehen, wo ebenfalls von 7 bis 10 Uhr Frühstück serviert wird. Bei Klaviermusik und gemütlichem Kaminfeuer werden Sie dort außerdem bis 1 Uhr morgens mit Fruchtsäften oder Cocktails verwöhnt.

Für die Gesundheit sorgen ein Frei- und ein Hallenschwimmbad sowie ein Fitneßclub mit Sauna, Dampfbad, Solarium, Massagen und frischen Snacks (außerhalb der Saison nicht durchgehend geöffnet; Preise siehe Disneyland Hotel). *Zimmerpreise: 600 FF (Nebensaison), 750 FF (Zwischensaison), 850 FF (Hauptsaison)*

Sequoia Lodge
Fassaden aus grauem Stein und dunklem Holz zieren dieses Hotel mit seinen 997 Zimmern und 14 Suiten, das der Pariser Architekt Antoine Grumbach baute. Umgeben von Ahornbäumen, Koniferen, Rhododendren und natürlich Sequoias (Mammutbäume), liegt das sechsgeschossige Hauptgebäude mit fünf kleineren Chalets reizvoll am Ufer des Rio Grande. In ihrer Heimat werden die Sequoias, die rund um das Hotel gepflanzt wurden, mitunter so groß, daß das Holz eines einzigen für den Bau mehrerer Häuser ausreicht. Kein Zweifel: Wir befinden uns hier in irgendeinem Nationalpark der Rockies. Der Wintersalon mit seinem Kamin, in dem ein knisterndes Feuer brennt, bestätigt das – wie auch die rustikalen, aber sehr wohnlichen Zimmer. Abends ziehen die meisten Gäste den Hunter's Grill (geöffnet von 18 bis 24 Uhr) vor, wo auf einem enormen Grillfeuer diverse Fleischsorten zubereitet werden. Mittags bietet sich die Beaver Creek Tavern (geöffnet von 10 bis 23 Uhr) an. Ebenfalls rustikal geht es in der Redwood Bar and Lounge zu, wo Sie zwischen Piano und Kamin einen Schluck trinken (bis 1 Uhr morgens) oder sich zum Frühstück treffen (zwischen 7 und 10 Uhr) können. Ein wesentlich reichhaltigerer Brunch wird in der Beaver Creek Tavern (zwischen 7 und 10 Uhr) serviert: eine große Auswahl an Früchten, Salaten, Brot, Eierspeisen und geräuchertem Lachs und Frischkäse auf geröstetem *bagel*. Frühstücken können Sie außerdem im Hunter's Grill (zwischen 7 und 10 Uhr). Nicht zu kurz kommt auch hier die Gesundheit: Ein Schwimmbad, das in einem sechsten kleinen Chalet gegenüber dem Rio Grande untergebracht ist, sowie ein Fitneßclub mit Trainingsgeräten, Dampfbad, Solarium, Sauna, Massage und vitaminreichen Snacks stehen zur Verfügung (Preise siehe Disneyland Hotel) *Zimmerpreise: 500 FF (Nebensaison), 650 FF (Zwischensaison), 750 FF (Hauptsaison)*

»ECONOMY«-HOTELS

Die 2000 Zimmer dieser Hotels sind nicht so groß und natürlich nicht so luxuriös wie die der gehobenen Preisklassen, gleichwohl aber sehr komfortabel und gut für eine vierköpfige Familie (für die Kinder gibt es ein Etagenbett) geeignet. Sie haben keine Klimaanlage, dafür aber einen Ventilator an der Decke, der in der Regel ausreicht. Im übrigen

HOTELS

sind sie, wie die Zimmer der anderen Hotels, mit Minibar, Telefon und Fernseher ausgestattet. Das Cheyenne und das Santa Fe liegen auf gegenüberliegenden Seiten des Rio Grande. Beide haben weder Schwimmbad noch Fitneßclub, doch können ihre Gäste natürlich den Golfplatz, die Eisbahn und die Joggingpfade der Davy Crockett Ranch benutzen, wie auch die Diskothek im Festival Disney.

Hotel Cheyenne

Dies ist mit Sicherheit die Unterkunft, die Kindern am besten gefällt. Es ist wirklich ein lustiges Hotel, das mit seinen 1000 Zimmern in 14 eingeschossigen Gebäuden an eine Stadt im Wilden Westen erinnert – aufgepäppelt durch die Hollywood-Macher. Die Fassaden sind himmelblau, rosa oder beige, entlang der Desperado Street führen lange Holztrottoirs im Westernstil – vollendet durch einen beeindruckenden Galgen. Die Suche nach dem Galgen hielt übrigens das Disney-Team über Monate auf Trab, bis sie ihn schließlich in Deutschland fanden. Als Zeitvertreib für die Kinder wurden ein Fort aus Holz gebaut und eine Koppel mit Planwagen, auf der natürlich »Cowboy und Indianer« gespielt wird. Die Eltern können sich derweil in der Yellow Rose Dance Hall entspannen. Die Mahlzeiten werden in einem (zweckentfremdeten) Stall serviert: dem Chuck Wagon Cafe (geöffnet von 7 bis 23 Uhr). Hier wird vornehmlich für Cowboys geeignetes Essen angeboten. Und was spricht dagegen, den Tag mit einem *Indian Fried Bread* (eine Brötchenscheibe mit Rosinen, die in gequirltes Ei getunkt und fritiert wird) zu beginnen? Es steht aber auch ein eher klassisches Frühstück auf der Karte. Im Red Garter Saloon (geöffnet von 11 bis 1 Uhr morgens) begleitet natürlich Country-music den geselligen Umtrunk. *Zimmerpreise: 400 FF (Nebensaison), 500 FF (Zwischensaison), 650 FF (Hauptsaison)*

Hotel Santa Fe

Am südlichen Ufer des Rio Grande liegt dieses kleine Dorf mit seinen 42 Pueblos in Farben der trockenen Böden Neu-Mexikos. Vier Pfade schlängeln sich um Yuccapalmen und Kakteen durch diese wüstenartige Landschaft. Unglücklicherweise ist der Grand-Saquaro-Kaktus – so typisch für den Südwesten – aus Plastik. Dies hat aber einen Grund: Die Art ist geschützt, und eine junge Pflanze braucht dreihundert Jahre, bis sie ausgewachsen ist. Das Drive in – ein Freiluftkino – und ein Vulkan, der zu festen Zeiten Feuer spuckt (der Fortschritt läßt sich nicht aufhalten) beleben das Gelände zusätzlich. Außerdem gibt es einen Kinderspielplatz. Die 1000 Zimmer sind verziert mit geometrischen Motiven im Stil mexikanischer Handarbeiten. Das Restaurant La Cantina (geöffnet von 7 bis 23 Uhr) nennt seinen Küchenstil »Tex-Mex«. Dahinter verbergen sich texanische und mexikanische Spezialitäten. Mit seinen lebendigen Farben und bunten Ständen erinnert es an die lebhafte Stimmung auf einem Markt in Neu-Mexiko. Dort wird auch das Frühstück mit Cheddar-Käse, Schinken und Honig, Kompott, frischen Früchten etc. serviert. In der Rio Grande Bar (geöffnet von 11 bis um 1 Uhr morgens) gibt es zu einer Sangria oder einem mexikanischen Bier nette Knabbereien. *Zimmerpreise: 300 FF (Nebensaison), 450 FF (Zwischensaison), 550 FF (Hauptsaison)*

BUNGALOWS

Davy Crockett Ranch

In einem 57 Hektar großen Waldstück angelegt, dürfte die Davy Crockett Ranch all jene anziehen, die sich nach einem Tag in dem Trubel der Zauberwelt nach ländlicher Ruhe sehnen. Die 498 Bungalows (pro Nacht je nach Saison 425 FF bis 1000 FF) erinnern an jene Mobilhäuser *(mobile homes)*, mit denen die Amerikaner kreuz und quer durch die Vereinigten Staaten ziehen. Trotz eines schwer übersehbaren Siebziger-Jahre-Touchs und des Middle-class-Ambientes der Holzimitationen bieten sie jeden modernen Komfort: Waschmaschine, Mikrowelle, Kühlschrank und eine Küchenzeile mit Backofen und Grill, außerdem natürlich Badezimmer, Telefon und Fernsehgerät. Zimmermädchen machen die Betten (Federdecken), reinigen die Böden und bringen die Spülmaschine in Gang. In jedem Bungalow können vier oder sechs Personen (in diesem Fall schlafen zwei Gäste auf Klappbetten im Wohnzimmer) untergebracht werden. Bei den Bungalows stehen Grillplätze und Picknicktische zur Verfügung. Das ganze Gelände ist so weitläufig, daß man den Nachbarn nie zu dicht auf die Pelle rücken muß. Ein kleines Stück weiter wurde eine Art Holzdorf aufgebaut, das alles Notwendige für Unterhaltung und Entspannung bereithält: ein schönes, überdachtes Schwimmbad (das Wasser ist das ganze Jahr über auf 30 Grad geheizt) mit Rutschbahnen und Whirlpools (Eintritt frei), zwei Tennisplätze im Freien (Platzmiete 50 FF pro Stunde), acht Kilometer Waldwege, die zu Fuß oder mit dem Fahrrad (zu leihen bei Bowie's Bike Barn, 25 FF für Erwachsene, 15 FF für Kinder pro Tag) erkundet werden können, Boule-Bahnen, Volleyball-, Basketball- oder Fußballplätze. Für Kinder gibt es außerdem einen Spielplatz, einen Reitclub (100 FF/Pferd, 25 FF/Pony) und einen kleinen Bauernhof mit Jungtieren (Kaninchen, Pferde, Ponys und Gänse).

Für alle, die gern tanzen, werden Lektionen in Square Dance angeboten, diesem typisch amerikanischen Gruppentanz. Und auch die Karaoke-Welle ist inzwischen aus Japan herübergeschwappt. Wer's lieber etwas ruhiger mag, kann im neuen Saloon Country eine Partie Billard spielen.

In der Mitte dieses Dorfes der zivilisierten Trapper versorgt Sie ein Geschäft mit allem, was Sie für ein Barbecue brauchen, sowie mit einigen nützlichen und unnützen Dingen.

Wenn Sie die Picknicks leid sind, besteht die Möglichkeit sich in Crockett's Tavern zu versorgen: Das Selbstbedienungslokal bietet mittags ein großes Buffet und abends abwechselnd drei »Themenessen«: Soirée Raclette, Grillabend oder Elsaß-Abend mit Sauerkraut – und dazu Musik.

HOTELS

Für die Mobilität auf dem Gelände der Ranch sorgen kleine Elektroautos, die man mieten kann (80 FF pro Tag) und deren Batterien an jedem Gebäude aufgeladen werden können. Außerdem verbindet ein Bus das Camp mit dem kleinen Dorf. Der Pendelbus braucht für die Strecke vom Themenpark zur Ranch etwa 20 Minuten. *Autobahn A 4, Ausfahrt 17, Richtung Serris-Provins*

Die Pläne bis zur Jahrtausendwende

Der Themenpark Euro Disneyland, die Hotels, das Festival Disney, der Golfplatz und die Davy Crockett Ranch, die 1992 eröffnet wurden, sind nur die erste Entwicklungsphase des Projektes der Disney-Company in Frankreich. Die zweite Phase wird nicht weniger pompös: Geplant sind ein zweiter Themenpark — diesmal zum Thema Kino (Disney MGM Studios-Europe) —, ein Bürokomplex (mit etwa 90 000 Quadratmetern), in dem die Firmensitze der europäischen Disney-Gesellschaften ebenso wie die Hauptniederlassung untergebracht werden sollen, ein 2700-Zimmer-Hotel der Touristenklasse, ein Geschäftszentrum von 5000 Quadratmetern, ein Kongreßzentrum mit 31 000 Quadratmetern, verbunden mit einem weiteren 700-Zimmer-Hotel, ein großer Aqua-Park und Hunderte von Wohnungen, die teilweise als Eigentumswohnungen verkauft werden sollen. Der bereits bestehende Park soll außerdem um neue Attraktionen wie Space Mountain, La Belle et la Bête und La Petite Sirène bereichert werden. Was den zweiten Themenpark — Disney MGM Studios-Europe — betrifft, soll verraten werden, daß er ein wenig dem gleichnamigen Park in Florida ähneln wird. Auf etwa 60 Hektar an der Grenze zum bereits bestehenden Vergnügungspark Euro Disneyland sollen verschiedene Inszenierungen zum Thema Hollywood, Südkalifornien und der Welt des Kinos allgemein ausgetüftelt werden. Auch die Restaurants und Geschäfte stehen natürlich unter dem Motto des goldenen Kinozeitalters in Hollywood. Die Spektakel werden den Zuschauern unter anderem den Ablauf der Dreharbeiten eines Films zeigen, die Produktion einer Fernsehsendung oder auch die Entstehung eines Zeichentrickfilms. Selbst die Tonaufnahmen, die Simulation von Katastrophen, der Kulissenbau, und Special Effects dürften dazugehören. Dieser Themenpark wird übrigens mit echten und funktionsfähigen Kino- und Fernsehstudios kombiniert. Langfristig soll die Hotelkapazität auf mehr als 18 000 Zimmer (gegenüber den 5200 im Jahr 1994) vergrößert werden, die Bürofläche auf 700 000 Quadratmeter und die der Geschäftszentren auf 95 000 Quadratmeter. Wenn alles nach Plan läuft, wird das Festival Disney seine Fläche verdreifachen. Auch ein zweiter Golfplatz soll in Betrieb genommen werden. Mehr als 8000 Privatwohnungen werden gebaut. Bei diesem Tempo kann man Paris bald als Vorort von Euro Disney Resort betrachten.

VERANSTALTUNGEN

Euro-Disney-Resort-Kalender

Im Euro Disney Resort ist immer etwas los

Als Ort nie endender Geselligkeit kann das Euro Disney Resort auch für private Veranstaltungen ein passender Rahmen sein. Der Themenpark ist eine Stätte ununterbrochener Festivitäten, doch werden einige Anlässe besonders gefeiert. Das ist zum Beispiel zu Weihnachten (Christmas Parade) der Fall, aber auch der 14. Juli (der Bastille Day), der Tag der Musik (die »Fête de la Musique« wird in Frankreich am 21. Juni gefeiert) und der 12. April, der Eröffnungstag des Themenparks 1992, werden von ungewöhnlichen Aktionen begleitet: Der Themenpark ist zu diesen Anlässen beispielsweise die ganze Nacht über geöffnet. Das Veranstaltungsprogramm, das in der City Hall gratis ausliegt, gibt einen Überblick über alle Veranstaltungen im Laufe des Jahres.

Private Feste

Es ist gar nicht selten, daß Gäste eigens, um ihren Geburtstag oder andere private Ereignisse

Die ewigen Stars des Euro Disney Resort: Micky und Minni

zu feiern, in den Themenpark reisen. Es gibt zwei Möglichkeiten: Sie wollen mit etwa einem Dutzend Freunden im Park feiern. In diesem Fall genügt es, bei Ihrer Ankunft oder am Vorabend (Tel. (1) 64 74 30 00) bei Relations Visiteurs Bescheid zu sagen. Die Mitarbeiter schmücken dann für Sie einen Raum oder lassen im Restaurant Ihrer Wahl eine Überraschungstorte auffahren. Kommen Sie aber in den Park, um eine größere Party mit vielen Gästen, zu feiern, besteht die Möglichkeit, für einen Abend oder einen Nachmittag ein ganzes Restaurant zu mieten. Das Lokal ist währenddessen natürlich für die Öffentlichkeit nicht zugänglich. In diesem Fall ist es notwendig, rechtzeitig im voraus zu reservieren. Die Preise richten sich verständlicherweise nach den gewünschten Leistungen, variieren aber auch je nach Termin Ihres Festes. Einige Hotels haben übrigens Säle, die eigens für private Veranstaltungen gedacht sind, etwa die Yellow Rose Dance Hall im Hotel Cheyenne. *Nähere Informationen erhalten sie beim Gruppen-Verkaufsservice unter der Telefonnummer (1) 49 41 49 41*

UNTERHALTUNG

Was unternehmen wir?

Ob Sie Sport treiben, bei Buffalo Bill's Wild West Show mitmachen oder das Nachtleben des Festival Disney genießen wollen – für Langeweile bleibt keine Zeit

Sie möchten Sport treiben oder sich außerhalb des Themenparks amüsieren? Dazu bieten eine Diskothek, ein Westernspektakel, ein Golfplatz und eine Eislaufbahn Möglichkeiten. Ob Pariser oder nicht, Hotelgast oder Durchreisender, man kann auch nur für einen vergnüglichen Abend ins Euro Disney Resort kommen, ohne den Themenpark besuchen zu müssen – eigens hierfür wurde das Festival Disney entwickelt. Erbaut von den französischen Architekten Jaubot und Julien in Zusammenarbeit mit dem Amerikaner Frank Gehry, der auch das American Center im Park von Bercy entwirft, bedeckt dieses Unterhaltungszentrum zwischen dem RER-Bahnhof, dem Lake Disney und dem Hotel New York eine Fläche von 18 000 Quadratmetern. Ob man bei Buffalo Bill's Wild West Show mitmacht, in Hurricane's durch die Nacht tanzt, es vorzieht, im Key West Seafood ein paar Krebse zu knacken oder in der Sports Bar bei einem Baseball-Match eine Handvoll Erdnüsse knabbert – man kommt vor allem hierher, um einen Tapetenwechsel zu erleben, einen Sprung auf einen anderen Kontinent oder sogar in eine andere Epoche zu wagen. Kurz, um einen Ortswechsel zu genießen. Eine knappe Autostunde, und schon hat man Paris gegen Chicago oder Miami eingetauscht, sein Alltagsleben gegen das eines unter der Wild-West-Sonne gebräunten Cowboys.

BILLY BOB'S COUNTRY WESTERN SALOON

Entspannte Clubatmosphäre herrscht in dieser weitläufigen Bar mit viel Holz im Westernstil. Man kommt hierher, um gute Country-music zu hören oder den »Two Step« oder »Square Dance« zu tanzen. Im Erdgeschoß gibt es zwei Bars: die eine für die »echten« Cowboys mit den roten Nacken (die Red Neck Bar) und die andere für jene Cowboys, die aus der Stadt mit etwas eleganteren Manieren zurückgekommen sind. Aber

Buffalo Bill, der legendäre Held der amerikanischen Geschichte

alle wühlen auf die gleiche Art in dem Sack voller getrockneter Erdnüsse. In der oberen Etage kann man einen Hähnchenflügel mit Soße vertilgen, ein Chili oder *Nachos*. Ganz oben lassen sich die Kartenspieler zu einer Runde Poker (mit Jetons) an den Tischen nieder, während Billardfans ein paar Kugeln rollen lassen. *Im Festival Disney, neben Buffalo Bill's Wild West Show. Getränke: ab 12 FF, Snacks: von 30 bis 50 FF. Tgl. 17–2 Uhr*

BUFFALO BILL'S WILD WEST SHOW

Hauptattraktion der Unterhaltungsangebote des Festival Disney ist Buffalo Bill's Wild West Show, ein Spektakel, das die heißesten Phasen der Eroberung des Westens wieder aufleben läßt.

Die Geschichte spielt irgendwo zwischen Kansas, Wyoming und Arizona in der Zeit, als Buffalo Bill berühmt wurde, also in der zweiten Hälfte des 19. Jahrhunderts. Die verklärende Nostalgie half, das Drama der Indianer und die fast industrielle Abschlachtung der Bisons zu vergessen, um nur mehr von jenen gesegneten Zeiten zu träumen, in denen man sich nach einem Ritt durch die weiten Ebenen des Westens rund um ein Lagerfeuer friedlich im Abendlicht versammelte.

Auf der Bühne erscheinen an die zehn Cowboys made in Texas und ebenso viele authentische Indianer. Aber auch eine in Europa weniger geläufige Gattung: die Rodeo-Clowns. Und natürlich Tiere: elf Bisons, zwölf Longhorn-Rinder, ein grauer Stier und 37 Pferde. Diese ganze schöne Welt versammelt sich i einer riesigen Arena, umgebe von Rängen, von denen au mehr als 1000 Zuschauer ihr Mannschaft mit Schreien anfe ern.

Denn die Arena ist aufgetei in vier Ranches: die Blue Moo Ranch, die Red River Ranch, di Green Mountain Ranch und di Gold Star Ranch. Vor dem Betr ten der Arena setzt einer der *Ca Members* jedem Besucher eine Cowboyhut in der Farbe eine Ranch auf. Diese vier Man schaften begehen dann wahr Heldentaten in diversen Reite wettkämpfen (Rennen, Rodeo Nummern etc.) und lassen dabe die Fröhlichkeit der typische Szenen des Westens wiederau leben. Longhorns und Bison durchqueren die Arena in eine riesigen Staubwolke, und auc an Spezialeffekten herrscht kei Mangel.

Die Darbietungen beginne nicht vor dem Ende des Abend essens. Das Menü steht fest. Ma serviert Ihnen auf einem Telle Chili, gegrilltes Hühnchen, ge räucherte Ribs (Schweinekote letts), Würstchen, geröstet Maiskolben, Kartoffeln aus de Ofen und zum Dessert eine heißen *apple cobbler* (gekocht Äpfel in einem gesalzenen Tei mantel) gekrönt von Vanilleei Die Getränke (Wasser, Co oder Bier) sind im Menüpre enthalten.

Rechts im Festival Disney. Pre des Erlebnis-Dinners: 300 FF für E wachsene und Kinder ab elf Jahre (200 FF für Drei- bis Elfjährige). E gibt zwei Shows pro Abend: Zur e sten geht man gegen 18 Uhr, zur zwe ten um 21 Uhr. Das Spektakel daue etwa zwei Stunden (da man auf hö

UNTERHALTUNG

Ein hübscher Erfolg für ein Mäusepaar und seine Freunde

...ernen Bänken sitzt, werden einige Besucher froh sein, ihr aufblasbares Kissen nicht vergessen zu haben). Rauchen ist während der ganzen Zeit verboten. Reservierung per Minitel, bei zahlreichen Reisebüros, in den Hotels des Euro Disney Resorts oder an Ort und Stelle.

EISLAUFBAHN

Die Eisbahn des Hotel New York (der Rockefeller Rink) ist nur im Winter, dann aber auch für Nichthotelgäste geöffnet. Die 800 Quadratmeter große Fläche wird umgeben von den Bauwerken Michael Graves'.

Im Sommer verwandelt sie sich in ein recht dekoratives Fleckchen Wasser, genau wie die Eisbahn im Rockefeller Center von Manhattan. *Preis pro »Runde« (jede Runde dauert zwei Stunden, dann wird das Eis aufbereitet und gereinigt): 45 FF für Erwachsene, 20 FF für ein Kind. Schlittschuhe können für 10 FF pro Paar vor Ort geliehen werden.*

DISKOTHEK HURRICANE'S

Wie der Taifun typisch für chinesische Gewässer ist, so sind Hurrikane und Gewitter die meteorologischen Spezialitäten der Antillen in der Karibik. Vermuten wir mal, daß in dieser Diskothek, deren Einrichtung an die Stimmung der Inseln im Süden Floridas erinnert, allein die Musik aus allen Richtungen dröhnt und zum Glück nichts Gefährlicheres als Tanz-Wirbelstürme entfacht!

Der Diskjockey spielt so ziemlich alles, von aktuellen brasilianischen Hits bis zu den Top 50 der sechziger Jahre. Bis zu 600 Personen tanzen zwischen den vier Bars. Mitunter ersetzen Live-Bands den Diskjockey. *Die Diskothek liegt über dem Restaurant Key West Seafood, aber ihr Eingang ist auf der anderen Seite (Aufgang über die Treppe oder mit dem Aufzug). Der Eintritt ist frei, Getränke ab 12 FF. Tgl. 21–3 Uhr*

GOLF

Der 27-Loch-Golf-Platz wurde von Ronald Fream entworfen und erstreckt sich zwischen dem Hotelbereich und der Davy Crockett Ranch auf 90 Hektar. Die meist recht großen Hindernisse erhöhen den Spaß und die Schwierigkeit – je nach Handicap des Golfers. Wie auf den amerikanischen Golfplätzen bewegt man sich hier ausschließlich mit kleinen Elektrowagen *(carts)* vom Fleck. Hungrige Spieler können im Restaurant des Clubhauses wieder zu Kräften kommen.

Der Parcours ist zwar für jeden zugänglich, wenn's eng wird, haben jedoch die Hotelgäste Vorrang. Es wird kein Handicap verlangt. *Vom 16. Nov. bis 14. März sowie Mi und Do geschl. Reservierungen: Tel. 60 45 68 04. Die Preise variieren zwischen 175 FF und 325 FF; es gibt auch Schnupper- und Pauschalangebote.*

PRAKTISCHE HINWEISE

Von Auskunft bis Warteschlangen

Hier erfahren Sie alles über Öffnungszeiten, Reservierungen und die Leistungen des Euro Disney Resorts

AUSKUNFT

Euro Disney Sales Office
Kölner Straße 10, 65760 Eschborn,
Tel. 06196/5 95 09
und
Tel. 01 30/66 15 (gebührenfrei) oder 00 33/1 64 74 30 00

BABYSITTER

In jedem der Euro-Disney-Resort-Hotels steht ein Babysitter-Service zur Verfügung. Wenn Sie nicht in einem Hotel wohnen und möchten, daß Ihre Kinder (zwischen 3 und 14 Jahren) beaufsichtigt werden, etwa weil Sie in Ruhe essen oder einkaufen wollen, sollten Sie ihnen vorschlagen, in das Neverland Club Children's Theater im Festival Disney zu gehen. Animateure und Kinderschwestern kümmern sich dort zwischen 17 und 24 Uhr um Ihren Nachwuchs. Geboten werden unter anderem Spiele und Zeichentrickfilme von Walt Disney, für die Verpflegung der Kinder sorgen Annette's Lunch-Pakete. *Die Kosten belaufen sich auf 70 FF pro Stunde (Mindestzeit 3 Stunden). Wenn ein Abendessen dabei ist, kommen 50 FF Aufschlag dazu, nach 23 Uhr ein Zuschlag von 150 FF. Auch dieses Angebot kann reserviert werden, und zwar unter der Telefonnummer (1) 60 45 70 00.*

EINLASS – AUSGANG

Vergessen Sie nicht, sich beim Verlassen des Parks einen Stempel geben zu lassen, wenn Sie noch am gleichen Tag wieder hineinmöchten. Sie können sicher sein, daß man Sie nicht mit häßlichen Tätowierungen verunstalten wird: Die Tinte ist unsichtbar und . . . wasserfest!

EINTRITTSKARTEN

Wenn Sie eine Tageskarte gekauft haben und doch länger bleiben wollen, können Sie die Tageskarte in eine Dauerkarte (zwei oder drei Tage, auch an nicht aufeinanderfolgenden Tagen) umwandeln lassen. Der Preis ist dann niedriger. Genaue

Im Euro Disneyland geht niemand verloren

Angaben über die von der jeweiligen Saison abhängigen Angebote finden Sie auf Seite 96.

ERSTE HILFE

Wenn Sie sich verletzen oder andere gesundheitliche Probleme haben, helfen Ihnen die Krankenschwestern weiter. Die Erste-Hilfe-Station (First Aid/Premiers soins) liegt neben dem Plaza Gardens Restaurant im Themenpark. In Notfällen: Tel. (1) 64 74 23 00.

FOTOZUBEHÖR

Ihre Filme werden (vom Kodak-Service) noch am gleichen Tag, spätestens aber zum folgenden Tag entwickelt, wenn Sie sie beim Town Square Photography (Main Street) oder in den Informationsbüros abgeben. Verkauft werden Filme in zahlreichen Geschäften, insbesondere natürlich beim Town Square Photography. Allerdings sind Filme in Deutschland wesentlich billiger.

FUNDSACHEN

Wenden Sie sich an die City Hall (Town Square), oder wählen Sie (1) 64 74 30 00.

GELD

Kreditkarten: Die gängigen Karten (Visa, Carte bleue, Mastercard, Eurocard, American Express etc.) werden überall akzeptiert.
Geldwechsel: Devisen können in der Halle des Billets ebenso wie an den Eingangsschaltern und den Informationsbüros umgetauscht werden.
Schecks: Reiseschecks in französischen Franc, Eurocheques und Bankschecks werden nur bei Vorlage von Ausweispapieren akzeptiert.
Geldautomaten: Automaten der BNP (Banque Nationale de Paris) sind an der Liberty Arcade und an der Discovery Arcade (hinter der Main Street) zu finden.

GEPÄCKAUFBEWAHRUNG

Bei der Gepäckaufbewahrung in der Nähe des Haupteingangs können Sie Jacken und Mäntel oder sperrige Einkäufe abgeben (10 FF pro Tag). Außerdem gibt es im Kellergeschoß des Bahnhofes an der Main Street automatische Schließfächer (10 FF pro Fach).

INFORMATIONSBÜRO

Hostessen und Minitel informieren Sie in diesem Büro über alle touristischen Attraktionen der Île-de-France. Um Ihr Interesse daran zu erhöhen, zieren das Büro diverse Modelle der wichtigsten Bauwerke (im Festival Disney).

KLEINKINDER UND BABYS

Auch wenn der Eintritt für Kinder unter drei Jahren gratis ist – denken Sie beim Besuch des Themenparks mit Ihrem Baby daran, daß einige Vorstellungen (Star Tours, Big Thunder Mountain und Autopia) für Kinder unter drei Jahren verboten sind. Das bedeutet, daß auch Sie diese Attraktionen nicht sehen werden – es sei denn, Sie sind zu mehreren und wechseln sich ab.

PRAKTISCHE HINWEISE

Übrigens: Die Karussells (Dumbo und Orbitron) lassen keine Kinder unter einem Jahr hinein.

Kurz: Alles, was für die Jüngsten geeignet ist, finden Sie im Fantasyland. Die beliebtesten Vorführungen dieser Altersgruppe: It's a Small World, Les Voyages de Pinocchio, Peter Pan's Flight, Schneewittchen und die Sieben Zwerge und Dumbo the Flying Elephant. Hier finden Sie auch die wichtigsten Geschäfte für Kinder. Im Frontierland sollten Sie Ihre Kleinen auch die Tiere der Critter Corral Farm ansehen und streicheln lassen. Fast alle besonderen Serviceangebote für Kleinkinder befinden sich in der Main Street. In der Town Square Terrace werden Kinderwagen verliehen, etwas weiter geradeaus auf der rechten Seite am Ende der Main Street in der Nähe des Plaza Gardens Restaurant ist auch das Baby Care Center (Salons Bébés) untergebracht. Sie können dort Fläschchen zubereiten, die Windeln wechseln oder ungestört Ihren Säugling stillen. Gleich um die Ecke befindet sich auch Lost Children (Rendez-vous des Enfants Perdus), wo freundliche *Cast Members* Ihr Kind abliefern, wenn es sich verlaufen hat.

Was die gastronomischen Paradiese für Kinder betrifft, haben Sie nur die Qual der Wahl: Sie gehen ins Cookie Kitchen, wenn Ihrem Liebling der Sinn nach »cookies« steht, ins Fantasia Gelati, um eine Portion köstlicher Eiscreme zu schlecken, oder schlemmen Nudeln und Pizza in der Pizzeria Bella Notte. Ein Paradies für anglophile Kindergaumen ist das Toad Hall Restaurant, wo die beliebten *Fish and Chips* (Fisch und Pommes frites) verkauft werden, oder The Old Mill, wo sie sich selbst köstliche Joghurts und Milchspeisen zusammenstellen können. Hamburger- und Grillhähnchen-Fans geben sich im Chalet de la Marionnette ein Stelldichein. Nicht vergessen werden sollen schließlich die Liebhaber von weichen Toffees, Marshmallows und anderen süßen Leckereien: Sie werden im Boardwalk Candy Palace (Main Street) und in der Confiserie des Trois Fées (hinter dem Château) verwöhnt. Diese Zuckerpaläste sind absolut unwiderstehlich – wir haben Sie gewarnt!

ÖFFNUNGSZEITEN

Der Park, die Hotels, die Restaurants und die Davy Crockett Ranch sind das ganze Jahr über täglich geöffnet. Die genauen Zeiten sind je nach Saison verschieden. Generell öffnet der Park um 9 Uhr (im Winterhalbjahr um 10 Uhr) und schließt nicht vor 18 Uhr. An den meisten Wochenenden (außer im Winter) und in der Hochsaison bleibt er sogar bis 23 Uhr geöffnet. Die Geschäfte und Attraktionen des Festival Disney sind meistens von 9 bis 24 Uhr geöffnet, teilweise sogar bis 2 Uhr. *Auskünfte: Tel. (1) 64 74 30 00.*

PARKPLÄTZE

Die Parkplätze der Hotels sind für deren Gäste kostenlos. Wer nur zum Themenpark fährt, zahlt 20 FF für ein Motorrad, 30 FF für ein Auto und 50 FF für einen Wohnwagen. Aber Vorsicht: Der Parkplatz ist riesig, er hat über 11 500 Plätze. Merken Sie sich deshalb genau den Namen ihrer Straße (Pluto, Winnie etc.), den Buchstaben Ihrer Reihe und die Nummern Ihres Platzes (auf den Boden gemalt). Sollten Sie doch einmal alles vergessen haben, wenden Sie sich an ein *Cast Member* und nennen ihm genau die Uhrzeit, zu der Sie gekommen sind. Man kann Ihnen dann wenigstens ungefähr den Bereich verraten, in dem Ihr Wagen vermutlich steht. Nachdem Sie Ihren Wagen abgestellt haben, betreten Sie die Rollbänder in der Mitte des Parkplatzes: Sie sind überdacht und bringen Sie bequem zum Eingang des Parks.

PICKNICK

Es ist verboten, Lebensmittel und Getränke mit ins Innere des Parks zu nehmen. Dieses Verbot wird auch kontrolliert. Vor den Eintrittsschaltern (in Richtung RER-Bahnhof, linker Hand der Rollbänder) wurden jedoch 63 Picknicktische installiert. Vergessen Sie beim Rausgehen aber nicht, sich einen Stempel auf die Hand geben zu lassen. Butterbrotfans finden alle Zutaten für zünftige Sandwiches in dem Lebensmittelgeschäft von der Davy Crockett Ranch, zu dem Sie allerdings mit dem Wagen oder dem Bus fahren müssen.

POST

Ein Postschalter befindet sich im Festival Disney. Dort können nen Sie Ihre Post abschikken und den üblichen postalischen Service in Anspruch nehmen.

REISEBÜROS

Zahlreiche europäische Reisebüros bieten einige sehr interessante Pauschalangebote für mehrtägige Reisen ins Euro Disney Resort an. Die Angebote schließen normalerweise die Übernachtungen im Hotel (oder auf dem Bungalowpark), Themenpark-Eintrittskarten für zwei oder drei Tage und manchmal auch Ausflüge zu den Sehenswürdigkeiten von Paris ein. Euro Disney hat überdies ein eigenes Reisebüro: Euro Disney Vacances (Tel.: (1) 49 41 49 94) bietet Aufenthalte unter einem bestimmten Motto für zwei oder drei Tage (Unterkunft inklusive Eintritt in den Park) an.

TAXIS

Der Taxistand befindet sich zwischen dem Picknickterrain und dem TGV-Bahnhof.

TELEFON

Öffentliche Telefonzellen sind über den ganzen Park verteilt, sie funktionieren mit Franc oder französischen Telefonkarten.

TIERE

Haustiere sind auf dem Gelände des Themenparks wie auch in den Hotels und Restaurants verboten. Die einzige Ausnahme sind Blindenhunde. Wenn Sie also mit Ihren vierbeinigen Freunden anreisen, müssen Sie sie dem Accueil Animaux (Tierhort) anvertrauen, der zwischen dem Be-

PRAKTISCHE HINWEISE

sucherparkplatz und den Eingangsschaltern, rechts von den Rollbändern, zu finden ist. Ihre Katze oder Ihr Hund wird dort gefüttert und spazierengeführt. Die Kosten betragen 45 FF pro Tag und 65 FF für eine Nacht einschließlich Futter.

VERANSTALTUNGS-PROGRAMM

Einen Faltplan mit den Attraktionen und Restaurants des Parks bekommen Sie an der Kasse mit Ihrem Ausweis. Ein Gratisprogramm, in dem alle besonderen Vorführungen und Veranstaltungen aufgelistet sind, besorgen Sie sich in der City Hall. Sie brauchen es auf jeden Fall, um die Veranstaltungen des Tages und deren Anfangszeiten zu erfahren, die sich häufig ändern.

VERLEIH

Fotoapparate und Videokameras werden im Town Square Photography für 50 bzw. 300 FF pro Tag vermietet. Sie müssen eine Kaution hinterlegen.

Stabile Kinderwagen für Kinder zwischen einem und sechs Jahren können auf der Town Square Terrace (30 FF pro Tag plus 20 FF Kaution) ausgeliehen werden.

WARTESCHLANGEN

Einige Veranstaltungen sind besonders beliebt, was mitunter zu langen Warteschlangen führt. In der Regel wird auf Schildern die voraussichtliche Wartezeit angeschlagen oder von einem *Cast Member* bekanntgegeben. Aber der Durchlauf ist flüssig, so daß man selten lange anstehen muß. In jedem Fall sind Animationsprogramme vorgesehen, um Ihnen die Übergangszeit so angenehm wie möglich zu machen. Außerdem ist alles so organisiert, daß es nie zu Gedränge oder Schiebereien kommt. Niemand wird bevorzugt behandelt, hat einen Passierschein oder ähnliche Sonderrechte. Sie werden selbst merken, daß dieses Fair play, an das man in Frankreich sonst wenig gewöhnt ist, den großen Vorteil hat, jeden unnötigen Streß zu vermeiden.

WENN EIN KIND VERLORENGEHT

Wenn Sie im Vergnügungspark ein Kind finden, das sich verlaufen hat, geben Sie bitte einem *Cast Member* Bescheid, es wird dann zum Rendez-vous des Enfants Perdus gebracht, das in der Nähe des Plaza Gardens Restaurant liegt. Dort finden Sie gegebenenfalls auch Ihren eigenen Nachwuchs wieder.

Les Pirouettes du Vieux Moulin: Riesenrad einmal anders

Ankunft im Euro Disney Resort

✈ FLUGZEUG

Das Euro-Disney Resort ist von den beiden Pariser Flughäfen aus — Orly im Süden der Stadt und Roissy-Charles-de-Gaulle im Norden — gut zu erreichen. Jeder Flughafen ist weniger als 50 Kilometer vom Themenpark und den Hotels entfernt. Taxis bringen Sie von den Flughäfen für etwa 170 bis 200 FF direkt ins Euro Disney Resort. Außerdem existiert ein Euro-Disney-Pendelverkehr (75 FF pro Person für eine Fahrt), der die Flughäfen mit den Hotels und dem S-Bahnhof des RER verbindet. Die Züge fahren in der Hochsaison zwischen 8 und 20 Uhr alle 30 Minuten ab Roissy und zwischen 9 und 19 Uhr im 45-Minuten-Takt ab Orly.

BAHN

Seit 1994 hält der französische Hochgeschwindigkeitszug TGV im Euro Disney Resort. Die Verbindung nach London wird damit auf drei Stunden, die nach Brüssel auf eineinviertel Stunden verkürzt. Sonst können Sie den Zug zu einem der Pariser Bahnhöfe nehmen und dann in den RER (Linie A, Richtung 4) umsteigen. Die Fahrt mit dem RER bis zur Station »Chessy-Marne-La-Vallée«, die direkt am Eingang zum Park liegt, dauert 40 Minuten. Für die Pariser ist der RER auf dem Hin- wie auch dem Rückweg gewiß das sicherste Mittel, Staus auf der Autobahn zu vermeiden, vor allem an Samstagen und sonntags abends. Von der Place de L'Étoile, von Châtelet oder von der Gare de Lyon bringt Sie der RER direkt in den Vergnügungspark. Von den Pariser Bahnhöfen gibt es folgende Verbindungen:

Gare du Nord: Linie B des RER, umsteigen in Châtelet-Les Halles in die RER-Linie A, Richtung 4.

Gare de L'Est: Métro-Linie 4 bis zur Station Les Halles, dort umsteigen in den RER, Linie A, Richtung 4.

Gare d'Austerlitz: Métro-Linie 5 bis zur Station Bastille, dort umsteigen in die Linie 1 zur Bahnstation Gare de Lyon, wo Sie in den RER (Linie A, Richtung 4) wechseln.

Gare Montparnasse: Métro-Linie 6 bis zur Station Nation, dort umsteigen in den RER, Linie A, Richtung 4.

AUTO

Euro Disney Resort liegt 32 Kilometer östlich von Paris an der Autobahn A 4. Von Straßburg aus biegen Sie vor Paris bei Serris-Provins von der A 4 ab und folgen den Schildern »Parc Euro Disneyland«.

Von Paris aus nehmen Sie die Autobahn A 4 in Richtung Nancy—Metz (Abzweigung Porte de Bercy auf dem Boulevard Périphérique) und fahren bis Serris-Provins.

Aus dem Norden Frankreichs und vom Flughafen Roissy-Charles-de-Gaulle fahren Sie etwa drei Kilometer auf der Autobahn A 1 in Richtung Paris und wechseln dann über die Autobahn A 104 auf die Autobahn A 4 in Richtung Nancy—Metz.

Wenn Sie aus dem Süden Frankreichs (Autobahn A 6) oder vom Flughafen Orly kommen, nehmen Sie die N 186 bis zur Autobahn A 86, auf der Sie in Richtung Maison-Alfort weiterfahren, und wechseln dann auf die A 4 in Richtung Nancy—Metz.

Eine Taxifahrt von Paris ins Euro Disney Resort kostet etwa 150 FF.

TIPS ZUM SCHLUSS

Gut zu wissen

Einige praktische Tips, die Ihnen Ihren Aufenthalt erleichtern sollen

Behinderte

Alle Restaurants, Hotels (insgesamt 110 Zimmer mit Spezialausstattung), Geschäfte, öffentliche Fernsprecher und Toiletten sind behindertengerecht konzipiert. Ein Parkplatz in der Nähe des Disneyland Hotels ist eigens für Behinderte reserviert. Außerdem werden in den Vorstellungen und bei den Paraden eigene Zonen für Rollstuhlfahrer freigehalten. Auch die Führungen sind für alle zugänglich. Allerdings müssen Rollstuhlfahrer bei einigen Darbietungen in ein Auto oder ein Boot gehoben werden. Da die *Cast Members* zu dieser Aufgabe nicht befugt sind, empfiehlt es sich, in Begleitung zu kommen. Rollstühle können für 30 FF pro Tag in der Town Square Terrace gemietet werden. Lesen Sie auch den Beitrag »Gute Kondition«. Walkman-Geräte und Kassettenrecorder stehen für Blinde oder Sehbehinderte zur Verfügung, für Schwerhörige gibt es eine spezielle Telekommunikations-Anlage. Außerdem existiert ein Merkheft (»Guide des services spéciaux d'Euro Disneyland«), in dem die besonderen Leistungen für Behinderte beschrieben werden. All dies ist in der City Hall erhältlich. Fragen, die vor Reiseantritt geklärt werden sollten, richten Sie bitte an die Relations Visiteurs (Tel. 00 33 1/64 74 30 00).

Blitzlichter

Sie dürfen überall filmen und fotografieren. Der Gebrauch von Blitzlichtern jedoch ist im Innern der geschlossenen Veranstaltungsräume nicht erlaubt. Da es dort meistens recht dunkel ist, können Sie, wenn überhaupt, nur mit einem extrem lichtempfindlichen Film arbeiten.

Diät

Auf allen Speisekarten in den Restaurants finden Sie leichte Kost, und alle Speisen (selbst die Hamburger) sind so zubereitet, daß Sie sich keine Sorgen um Ihren Cholesterinspiegel machen müssen. Sollten Sie ein anderes Problem in bezug auf die Ernährung haben, wenden Sie sich an die Relations Visiteurs (Tel. (1) 64 74 30 00). Wenn Sie einige Stunden im voraus danach fragen, stellt man Ihnen auch (tiefgefrorene) koschere Gerichte zur Verfügung.

Ein Besuch im Themenpark von Euro Disneyland verspricht ein einmaliges Abenteuer für die ganze Familie zu werden

> **Beste Besuchszeiten**
>
> Die ruhigsten Monate sind November, Januar, Februar und März. Während der Hochsaison bleibt es dienstags und donnerstags ruhiger, natürlich nicht vor oder nach einem Feiertag. Die ruhigeren Zeiten an den Tagen mit Hochbetrieb sind normalerweise bei den Vorstellungen gleich nach der Öffnung und kurz vor der Schließung des Parks sowie zur Essenszeit, in den Geschäften früh morgens und in den Restaurants nach 14 Uhr.

Gute Kondition

Für einige der Attraktionen (Autopia, Big Thunder Mountain und Star Tours) ist eine gute körperliche Verfassung erforderlich. Auf jeden Fall abzuraten ist ein Gang in diese Spektakel Behinderten, Schwangeren, Herzkranken, Rückenleidenden sowie Menschen, die leicht schwindlig oder seekrank werden. Kinder unter drei Jahren dürfen selbst in Begleitung ihrer Eltern nicht in diese Vorstellungen. Kinder, die noch kein Jahr alt sind, haben überdies keinen Zutritt zu Dumbo und Orbitron.

Inkognito

Auch ohne Sie um Ihr Einverständnis zu bitten, dürfen die *Cast Members* im Themenpark Filmaufnahmen und Fotos machen. Wenn Sie also unerkannt bleiben wollen, liegt es an Ihnen, darauf zu achten, daß Sie den Filmern nicht vor die Linse geraten.

Kleidung

Achten Sie vor allem auf das richtige Schuhwerk! Sie werden voraussichtlich viele Kilometer zu Fuß gehen – von Schuhen mit hohen Absätzen ist abzuraten. Nehmen Sie außerdem selbst im Sommer ein paar Wollsachen mit – die klimatisierte Luft in den Restaurants und Vorstellungen kann mitunter recht frisch sein. Und vergessen Sie Regenzeug und Schirm nicht – wenn e schön wird, können Sie die Sa chen immer noch bei der Ge päckaufbewahrung abgeben. Im Sommer ist es empfehlenswer Hütchen für die Kinder mitzu nehmen (das erspart Ihnen auch im Notfall eine Pluto-Mütze kaufen zu müssen). Die Besu cher werden übrigens gebeter sich unabhängig von den Wetter verhältnissen dezent zu kleider also weder Hemden noch Schu he auszuziehen.

Rauchen

Während der Vorstellunge (auch in Buffalo Bill's Wild Wes Show) und im Innern der Attrak tionen des Themenparks ist da Rauchen verboten. In den Ho tels ist eine große Anzahl vor Zimmern für Nichtraucher re serviert (damit die Vorhäng nicht nach kaltem Tabakqualn riechen). Vergessen Sie daher be Ihrer Reservierung nicht, anzu geben, ob Sie rauchen oder nicht In den Restaurants und Hotel des Festival Disney sind die Rau cher von Zigarren und Pfeife angehalten, in der Bar zu bleiber In jedem dieser Lokale gibt e außerdem Nichtraucherzoner Gehören Sie zu den »Unverbes

TIPS ZUM SCHLUSS

erlichen«, können Sie im Festival Disney gegenüber der Sports Bar Zigaretten kaufen.

Regenwetter

Dank der überdachten Galerien ist es möglich, auch bei schlechtem Wetter spazierenzugehen, ohne naß zu werden. Die »trokkenen« Wege verlaufen an der Main Street hinter den Gebäuden. Auch die Stellen, an denen mit Warteschlangen zu rechnen ist, sind geschützt. Die meisten Attraktionen befinden sich im Inneren von Gebäuden. Natürlich macht ein Besuch bei schlechtem Wetter weniger Spaß – zum Trost ist der Park dafür weniger überlaufen.

Sauberkeit

Es ist äußerst schwierig, im Park eine Zigarettenkippe auf dem Boden zu finden oder gar einen Fetzen Papier. Die Sauberkeit ist ein Teil der Disney-Philosophie. Mit einem enormen Aufwand an Technik und Personal wird dafür gesorgt: Ein Bataillon von 500 Arbeitern in rot-weißen Uniformen putzt täglich das Gelände. Es gibt sogar Leute, die mit Handfeger und Schippe hinter den Pferden herlaufen. Hunderte von Papierkörben, deren Design der jeweiligen Umgebung angepaßt wurde, sind außerdem auf dem ganzen Gelände verteilt. Hier Popcorn fallen zu lassen gilt als Laster.

Wo Sie sich mit Micky und Schneewittchen fotografieren lassen können

Die verkleideten Figuren aus den Disney-Filmen streifen ständig durch den Park und die Hotels. Wenn Sie aber die Begegnung mit ihnen nicht dem Zufall überlassen wollen, sollten Sie die folgenden Orte aufsuchen: In der Main Street, gleich am Eingang, können Sie sich mit Micky und Minni, Donald, Pluto, Goofy, Daisy, Ahörnchen und Behörnchen fotografieren lassen. Bei den *Character Breakfasts* (im Plaza Gardens Restaurant im Themenpark, im Restaurant Inventions im Disneyland Hotel oder im Manhattan Jazz Club im Hotel New York) treffen Sie Pluto, Ahörnchen und Behörnchen oder Goofy — Micky taucht dort niemals auf. Im Fantasyland begegnen Sie Schneewittchen, Pinocchio, Mary Poppins, Aschenputtel und ihrem Prinzen, die beiden letztgenannten können Sie auch im eigenen Heim, der Auberge de Cendrillon, besuchen. Alice und ihr weißer Hase spielen im Labyrinth Verstecken — meist in Gesellschaft der Herzkönigin und anderer Originale aus Lewis Carrolls Büchern. Auch die Mad Hatter's Tea Party am Ausgang des Labyrinths eignet sich für originelle Fotos. Im Adventureland stoßen Sie beim Gang um die Grotte des Adventure Isle auf Käpt'n Hook und Peter Pan, der auch häufig auf der Galeone Captain Hook's Pirate Ship anzutreffen ist. Dort können Sie sich auch von den Hauptfiguren aus dem Dschungelbuch Autogramme geben lassen. Die Helden aus dem Krieg der Sterne, Chewbacca, ZGPO und Ewok laufen im Discoveryland frei herum. Einige dieser Figuren zeigen sich nur in der Hochsaison.

REGISTER

In diesem Register finden Sie alle wichtigen Attraktionen, Restaurants, Hotels und Dienstleistungen

Attraktionen
Adventure Isle 33
Alice's Curious Labyrinth 36
Autopia 39
Big Thunder Mountain 28
Casey Jr., der kleine Zirkuszug/
    Le Petit Train du Cirque 36
CinéMagique 39
Critter Corral 29
Die Geheimnisse des Nautilus/
    Les Mystères du Nautilus 40
Discovery Arcade 25
Dornröschens Galerie/
    La Galerie de la Belle au
    Bois Dormant 36
Dornröschens Schloß/
    Le Château de la Belle au
    Bois Dormant 36
Dumbo the Flying Elephant 36
Fantasy Festival Stage 37
Grand Canyon Diorama 29
Indian Canoes 29
Indiana Jones et le Temple du
    Péril 34
It's a Small World 37
La Cabane des Robinson 34
Lancelots Karussell/Le
    Carrousel de Lancelot 37
L'Astroport Services
    Interstellaires 40
Legends of the Wild West 30
Les Pirouettes du Vieux
    Moulin 37
Le Visionarium 40
Liberty Arcade 25
Liberty Court 26
Mad Hatter's Tea Cups 38
Märchenland/ Le Pays des
    Contes de Fées 38
Main Street Station 26
Mark Twain 30
Molly Brown 30
Orbitron 41
Peter Pan's Flight 38

Micky und Minni sind jeden Tag in der Main Street unterwegs

Phantom Manor 30
Pinocchios Reisen/Les Voyage
    de Pinocchio 38
Pirates of the Caribbean 34
River Rogue Keelboats 31
Rivers of the Far West 31
Rustler Roundup Shootin'
    Gallery 32
Schloßtheater/Le Théâtre du
    Château 38
Schneewittchen und die Sieben
    Zwerge/Blanche-Neige et
    les Sept Nains 39
Star Tours 41
Videopolis 41

Hotels und Bungalowpark
Davy Crockett Ranch 76
Disneyland Hotel 72
Hotel Cheyenne 75
Hotel New York 72
Hotel Santa Fe 75
Newport Bay Club 73
Sequoia Lodge 74

REGISTER

Restaurants und Snack-Bars
Annette's Diner 56
Auberge de Cendrillon 45
Au Chalet de la Marionnette 48
Aux Épices Enchantées 48
Beaver Creek Tavern 55
Blue Lagoon Restaurant 46
Café des Visionnaires 48
Café Hyperion 47
California Grill 51
Cape Cod 54
Captain Hook's Galley 48
Casey's Corner 48
Chuck Wagon Cafe 52
Cowboy Cookout Barbecue 48
Crockett's Tavern 76
Explorers Club Restaurant 46
Fuente del Oro Restaurante 49
Hunter's Grill 55
Inventions 51
Key West Seafood 56
La Cantina 53
Last Chance Café 49
Los Angeles Bar & Grill 56
Manhattan Jazz Club 52
Market House Deli 49
Parkside Diner 53
Pizzeria Bella Notte 47
Plaza Gardens Restaurant 46
Red Garter Saloon 52
Rio Grande Bar 54
Sandwiches New York Style 57
Silver Spur Steakhouse 46
The Lucky Nugget Saloon 32, 47
The Steakhouse 57
Toad Hall Restaurant 49
Victoria's Home-Style Cooking 49
Walt's – an American Restaurant 47
Yacht Club 54

Cafés, Bars und Teestuben
Billy Bob's Country Western Saloon 81
Cable Car Bake Shop 50
Café de la Brousse 50
Café Fantasia 72
Cookie Kitchen 50
Fantasia Gelati 50
Fisherman's Wharf 74
March Hare Refreshments 50
Redwood Bar and Lounge 74
Sports Bar 57
The Coffee Grinder 50
The Gibson Girl Ice Cream Parlour 50
The Old Mill 50
57th Street Bar 73

Vorstellungen
Buffalo Bill's Wild West Show 82
Fantasy Festival Stage 37
La Parade Disney 25
Les Feux du Château 25
Lucky Nugget Revue 32, 47
Main Street Electrical Parade 26
Neverland Club Children's Theatre 85

Service / Dienstleistungen
Babysitter 85
Behinderte 91
Erste Hilfe / Premiers Soins 86
Fotokamera-Verleih 89
Fundsachen 86
Geldautomaten 86
Geldwechsel 86
Informationen 85, 86
Kinder-Suchdienst / Enfants Perdus 87, 89
Parkplätze 87
Picknick 88
Post 88
Reisebüro 88
Rollstuhlverleih 91
Salons Bébés 87
Schließfächer 86
Taxi 88
Telefonzellen 88
Tierheim 88

Was bekomme ich für mein Geld?

 Sie kaufen einen »Ausweis«, der Ihnen den ganzen Tag freien Eintritt zu allen Veranstaltungen des Themenparks gewährt (außer zur Schießhalle): Erwachsene zahlen 175 FF in der Nebensaison, 225 FF in der Zwischensaison und 250 FF in der Hauptsaison, für Kinder zwischen 3 und 11 betragen die entsprechenden Preise 125, 150 und 175 FF. Außerdem gibt es Tickets für zwei oder drei Tage, die nicht aufeinanderfolgen müssen. 2-Tage-Ticket für Erwachsene: 335, 425 und 475 FF, für Kinder 240, 285 und 335 FF. 3-Tage-Karte Erwachsene: 440, 565 und 630 FF, Kinder 315, 375 und 440 FF. Freilich geben Sie, wenn Sie nicht sehr standhaft sind, wahrscheinlich sehr viel mehr Geld aus. Im Innern des Parks (Stofftiere, Eis, T-Shirts etc.) wie außerhalb — dort fängt es an mit der Buffalo Bill's Wild West Show für 300 FF und hört mit einem Erlebnis-Abendessen gewiß noch nicht auf. Eine sehr vernünftige Familie mit zwei Kindern wird zwischen 1500 und 1800 FF für einen Tag im Park ausgeben. Für das Frühstück im Euro Disneyland müssen Sie mit etwa 70 FF rechnen, für ein einfaches Essen ebenfalls. An die 170 FF geben Sie pro Person für eine Mahlzeit aus, wenn Sie am Tisch bedient werden möchten. Ihre Rechnung wird sich jedoch schnell auf 400 FF pro Person belaufen, wenn Sie ein festliches Essen in einem der besseren Hotelrestaurants oder im Festival Disney genießen. Wenn Sie im Park wohnen, kostet Sie ein Zimmer pro Nacht zwischen 300 und 1950 FF, je nach Saison und Hotel. Die 95 bis 140 FF fürs Frühstück sind dabei noch nicht inbegriffen. In der Davy Crockett Ranch leben Sie billiger. Der Bungalow für sechs Personen kostet ab 475 FF pro Nacht. Einig[e] Reisebüros bieten — ebenso wi[e] Euro Disney Vacances — Pauschalangebote für mehrtägige Reisen an.

DM	FF	FF	DM
1	3,31	1	-,3
2	6,61	5	1,5
3	9,92	10	3,0
4	13,22	20	6,0
5	16,53	30	9,0
10	33,06	40	12,1
20	66,12	50	15,1
25	82,64	75	22,6
30	99,17	100	30,2
40	132,23	200	60,5
50	165,29	300	90,7
75	247,93	400	121,-
100	330,58	500	151,2
200	661,16	600	181,5
250	826,45	700	211,7
300	991,74	800	242,-
500	1.652,80	900	272,2
750	2.479,34	1.000	302,5
1.000	3.305,78	2.500	756,2
2.000	6.611,57	5.000	1.512,5

Das Carrousel de Lancelot ist das schönste aller Karussells